# 高速铁路车站改造运输组织分析

寇玮华　鲍立群
　　　　　　　　　编著
王正坤　曾向阳

西南交通大学出版社
·成　都·

图书在版编目（CIP）数据

高速铁路车站改造运输组织分析 / 寇玮华等编著.
—成都：西南交通大学出版社，2023.7
ISBN 978-7-5643-9385-4

Ⅰ. ①高… Ⅱ. ①寇… Ⅲ. ①高速铁路－铁路车站－改造－研究 Ⅳ. ①U238

中国国家版本馆 CIP 数据核字（2023）第 128526 号

Gaosu Tielu Chezhan Gaizao Yunshu Zuzhi Fenxi
**高速铁路车站改造运输组织分析**

寇玮华　鲍立群　王正坤　曾向阳　编著

责任编辑　王旻
特邀编辑　孟苏成
封面设计　GT 工作室

出版发行　西南交通大学出版社
（四川省成都市金牛区二环路北一段 111 号
西南交通大学创新大厦 21 楼）
邮政编码　610031
发行部电话　028-87600564　028-87600533
网址　http://www.xnjdcbs.com
印刷　郫县犀浦印刷厂

成品尺寸　170 mm × 230 mm
印张　10.5
字数　177 千
版次　2023 年 7 月第 1 版
印次　2023 年 7 月第 1 次
定价　68.00 元
书号　ISBN 978-7-5643-9385-4

课件咨询电话：028-81435775

# 前　言

本专著对高速铁路车站改造施工进行了概述，构建了基于多品种流网络的高铁车站多态理论，通过能力推算方法，依次研究了施工条件下高速铁路车站作业方案与列车到发计划协同优化、站改施工与运输组织协同评价与优化、站改施工与运输调整一体化组织方案评价、站改施工与运输组织协同优化决策支持系统设计。在此基础上，以深圳北站站改施工为案例，推算了站改前、站改期间、站改后的多态理论通过能力，并对施工期间作业方案与列车到发计划协同优化进行了分析，最后通过站改施工与运输组织协同水平计算，对站改施工与运输组织一体化方案进行了评价。

本专著作者成员：寇玮华（西南交通大学）、鲍立群（中国铁路广州局集团有限公司）、王正坤（中国铁路广州局集团有限公司）、曾向阳（中国铁路广州局集团有限公司）。

中国铁路广州局集团有限公司项目组以下人员为本专著编写提供了业务资料，并对本专著中业务内容进行了核对、审核等工作：钱力、吴文胜、侯茂林、何宏晖、宋旺中、范军。

西南交通大学项目组以下研究生针对本专著补充了项目研究内容，并进行了资料整理、编写、撰写等工作，其中重点参编了第 1 章、第 3 章、第 4 章、第 5 章、第 6 章以及第 7 章部分内容：陈宇帆、李明阳、陈怡萱。

西南交通大学项目组以下研究生针对本专著补充了项目研究内容，并进行了资料整理，内容的核对、校对、编辑、排版，以及业务数据核算等工作，其中重点参编了第 2 章以及第 7 章部分内容：赵虎威、马梦遥、张琪。

感谢以上人员的辛苦付出！

本专著编写过程以及成书内容中，参阅、借鉴、引入了其他相关文献，在此向相关作者表示感谢！

本专著得到中国铁路广州局集团有限公司2020年科技研究开发计划项目（2020K086-Y）的支持和资助，在此深表谢意！

由于作者水平所限，本专著难免会存在不妥或不足之处，敬请有关专家、同行和读者批评指正，以便将高速铁路车站改造运输组织分析的理论、方法和技术实现等问题能够进一步深入化、系统化，从而能够为解决高速铁路车站改造问题提供更加科学的理论基础和解决方法。

作 者

2023 年 3 月

# 目 录

# 绪 论

我国是一个疆域辽阔、人口众多的大国，而且国内人口分布、资源分布和区域经济发展都极不平衡，这就决定了通畅便利、运力强大的交通运输是我国经济发展中不可或缺的因素。特别是我国目前正处于重工业化的过程中，具有安全快捷、成本低廉、运力较强等因素的铁路行业就成为我国运输系统中的主要力量之一，其发展水平与整个国民经济的运行效率息息相关。

《中长期铁路网规划（2016版）》和《铁路“十四五”发展规划纲要和国家综合立体交通网规划纲要》提出了实现铁路跨越式发展的总体思路、重点任务和工作措施。实现我国铁路跨越式发展的重点任务之一就是建设发达的铁路网，即以“扩大路网规模，完善路网结构，提高路网质量”为主攻方向，确定路网建设的新思路。具体包括建设快速客运网、建设大能力货运通道、加快西部铁路建设、搞好点线能力配套、提高铁路建设技术标准和设计施工质量等5个方面的内容。自1997年以来，我国铁路连续进行了6次大面积提速，基本形成了“八纵八横”的提速网络。《中长期铁路网规划（2016版）》提出进一步加强既有路网技术改造和枢纽建设，提高路网既有通道能力。铁路的跨越式发展战略给铁路车站建设提出了新要求。随着以铁路客运专线、高速铁路为标志的现代化铁路建设的推进，与之相匹配的一批功能强大、设施先进、服务一流的现代化铁路车站正逐步建成。

铁路站场改造是一项综合性系统工程，涉及专业众多、接口复杂。铁路站场改造工程具有较强的综合性和复杂性，在施工过程中具有涵盖范围广、规模大等特点。如何控制好铁路站场改造工程，不断地优化施工方案，利用施工组织管理等有关事项，对铁路站场工程进行施工和管理至关重要，也是整个施工方案优化的重中之重。

开展铁路站场改造综合施工时，应遵循以下原则和要求：

1. *总原则*

保证既有运输能力，即在站场过渡中原则上不能降低既有运输能力，主要体现在既有进出路不能取消或减少，行车条件尽量不降低。应尽量减少对既有行车组织的影响，尽可能采取既有室内控制系统，不设或少设临时控制设施。对运输影响较大的项目应集中在一段时间内完成，电气集中在开通时的工作量应尽可能减少。

2. 工、电配合

由于电务联锁是通过轨道形成的，站场改造施工必然引起电务改造。因此，在施工过程中，工务与电务的配合是必不可少的。工务在制订施工过渡时，要尽可能地为电务改造提供条件，适应电务条件的需要。在不增加工务过渡费用的前提下，尽可能地减少电务过渡工程，或者使电务尽可能地利用正式工程来完成过渡任务。

尽可能在电务有条件的情况下过渡施工，也就是说，在制订工务过渡方案时，电务不具备条件的，在过渡过程中尽量不使用。

尽量不改变站型，即不改变相互联锁关系。站场改造设计往往会改变原有站型，原有的联锁关系会发生较大变化，在施工过渡过程中，要暂时保持原有联锁关系，待施工改造基本完成、新电气设备集中换装时，再一次开通。

3. 设计与实际相结合

站场改造不同于新建线路的又一个特点是：凡需要改造的站场，都经过了多年的运行。在多年的运行中，经过多次大修和维修，线路状态会发生变化，同设计情况相比会有一定的误差。线间距、线路标高的变化，都会给工务施工过渡方案的制订造成一定的影响，特别是线间距的变化对施工影响较大。在站场改造中，经常需要增加交叉渡线，而交叉渡线对线间距的要求非常严格，必须通过施工过渡把误差逐步调整过来才能施工。而站场咽喉，特别是大型站场的咽喉，由于道岔、渡线相连，已形成一个稳固的网络，想调整线间距非常困难。若要强行改造，将破坏线路的稳定性和大方向，影响行车安全。必须采取措施，逐步过渡改造。

因此，在制订施工过渡方案时，必须对现场进行深入细致的调查，摸清情况，找出不利因素，对症下药，才能正确地制订过渡方案。

4. 服务运输原则

服务运输的原则，就是在制订施工过渡方案时，要最大限度地减少施工对铁路正常运输的干扰。在制订施工过渡方案时，可掌握以下几项原则：

（1）“先新后老”，即先铺设新的设备、形成新的进路后，再改造或拆除老的设备。这样做的结果就是，在整个施工过程中，不影响列车原有进路，不影响车站列车的通过能力和编解能力。股道展长过渡改造如图 0-1 所示。

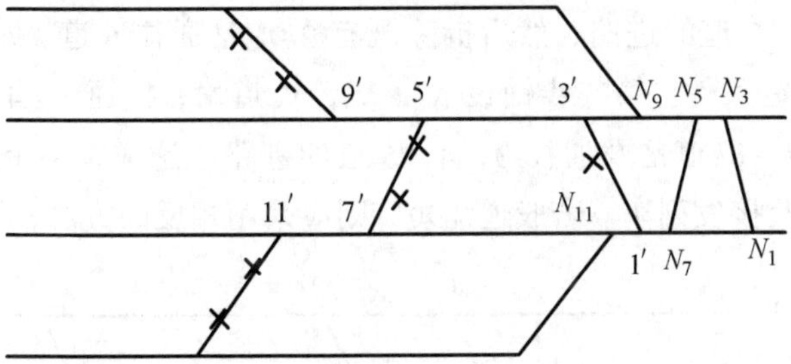


图 0-1　股道展长过渡改造

施工过渡方案可按 5 步进行：第一步，先完成 $N_1 \sim N_3$ 渡线；第二步，开通 $N_1 \sim N_3$ 渡线，拆除 1# ~ 3#渡线，铺设新 $N_5 \sim N_7$ 渡线；第三步，开通 $N_5 \sim N_7$ 渡线，拆除 5# ~ 7#渡线，铺设 $N_9$，$N_{11}$ 道岔；第四步，开通 $N_9$，$N_{11}$ 道岔拨接 3 道、4 道，开通新的 3 道、4 道；第五步，拆除 9#，11#道岔。这样在整个过渡施工过程中对车站列车通过能力基本上没影响。

（2）"先伸后缩"，即在站场股道需一端展长、一端缩短的情况下，应先施工展长的一端，然后再施工缩短的一端。这样做不影响车站的接发车能力。图 0-2 所示为下行方向（图示右侧）增加安全线，原 4#道岔右开改为左开。新铺 $N_6$ 岔进入道。若先进行安全线施工，将影响 2，3 道有效长，影响 2，3 道接发车能力。因此，在过渡施工过程中，先铺设 $N_1$，$N_3$ 道岔，展长 2，3 道，然后再进行安全线施工，这样对车站接发车能力没有任何影响。

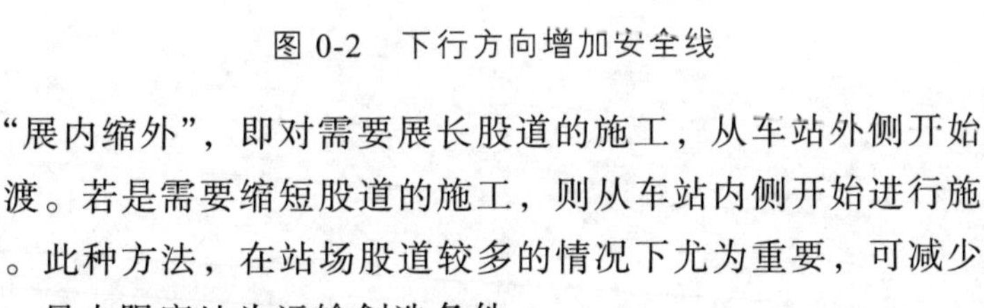


图 0-2　下行方向增加安全线

（3）"展内缩外"，即对需要展长股道的施工，从车站外侧开始进行，逐步向内过渡。若是需要缩短股道的施工，则从车站内侧开始进行施工，逐步向外过渡。此种方法，在站场股道较多的情况下尤为重要，可减少施工对运输的干扰，最大限度地为运输创造条件。

图 0-3 是一个多股道车站展长示意图，列车分别通过 $N_2$，$N_4$ 道岔进入 3，4，5，6，7 道，形成两个梯形线。施工过渡时，第一步应先铺设 $N_2$，$N_{10}$ 道

岔，完成 6 道、7 道的进路，然后拆除既有 2#道岔通往 6 道、7 道的进路，为下一步施工创造条件。第二步铺设 $N_4$，$N_6$，$N_8$ 道岔，接通 3，4，5 道的进路，拆除了 4#，6#，8#道岔及通往 3，4，5 道的进路。这样，整个施工过程没有影响列车进路及接发列车。若股道缩短，则应采用相反的方法，从内向外施工。

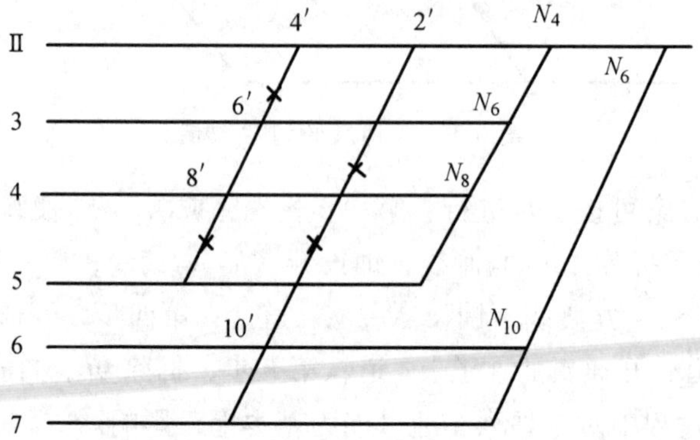


图 0-3　多股道车站展长

# 第1章　高速铁路车站改造施工概述

本章首先介绍铁路站场改造施工的具体内容和组织流程，分析施工组织重难点，描述施工方案内容及编制流程，然后介绍铁路站场改造综合施工的技术特点，在此基础上着重对施工安全保障的具体措施进行详细叙述。

## 1.1　铁路站场改造施工简介

铁路站场改造工程是指在运营线路、站场、枢纽进行的改扩建工程施工，其特点是既要加快工程进度，又要保证运营安全。实施既有路网的扩能改造，既是适应发展国民经济、提高人民生活水平的需要，也是提高运输质量和服务水平、增强铁路竞争能力的重要手段，对我国铁路和国民经济的发展都具有非常大的意义。

由于站改工程是在尽可能保持营运设备正常运转情况下组织的施工，既要保证工程进度，又不能影响运输生产，这致使施工单位面临诸多困难。在既有站场改造工程中，一方面，要保证工程按期甚至提前完成，就必须有足够的天窗时间，这样就必然会影响正常的运输组织。另一方面，要保证运输任务顺利地完成，就必须减少天窗时间，但是这样又会影响施工工期。因此，施工与运输就发生了矛盾，这一对非常现实的矛盾给运输部门的运输组织和工务、电务、供电等部门的施工组织都带来了很大的压力和困难，矛盾解决与否是直接影响运输安全和运输效益的大问题。

站场改造就其施工范围来讲有路基、桥涵、线路、房建、通信、信号、电力等专业，各专业施工相互配合、相互制约，甚至相互干扰。由于站场改造是对既有站场的改造，是在不中断运输的条件下进行施工，因此涉及面相当广，不仅涉及铁路的各个部门，也涉及路外单位。障碍拆迁、保证既有设备正常使用而引起的各种过渡、工程材料的到站、施工封锁的安排等，都是必须考虑的。整个施工过程就是一个施工和运输在各自效益上的平衡过程。如此复杂的一个综合性施工项目，必须要有一个经过与运输部门研究的完整的施工组织设计来指导各专业的施工。一个站场改造能否按期、配套、高效、优质地完成，与其施工组织设计编制的优劣有直接的关系。

如何对站改施工方案进行优化，查漏补缺，避免各专业、各部门之间的冲突，需用现代科学技术来寻求方法，进行技术经济分析，最后找到一个最优的施工方案。

在铁路站场改造施工的过程中也需要不同工种间进行分工与配合。

1. 工程部门

既有站场改造是一项综合性的、复杂的施工过程，施工专业有路基、桥涵、线路、房建、通信、信号、电力等，各专业施工互相配合、互相制约，同时还互相干扰。由于既有站场改造是在不中断运输的条件下进行的，因此拆迁就是大事，既要满足施工需要，又要保证既有站场设备正常使用，是搞过渡还是以新代旧，这就涉及运输和电务两个部门的协调。在国家资金充足的情况下，应尽量减少大过渡。在改造的施工组织设计中，尽量安排以新代旧或小过渡来解决这个矛盾。

一般以线路施工为主体，把整个施工过程划分为 4 个阶段。第一阶段是外围阶段。这阶段施工和运输不发生直接关系，但必须沟通外围施工部分和既有站场设备的连接，以解决正常施工及大量卸料问题。通常采用的办法是在正线、站线上插入临时道岔，纳入既有站场的联锁条件中，专供工程使用。为保证这阶段施工的正常进行，对部分影响施工的障碍要求及时拆迁。第二阶段是旧站场信联闭设备停用前阶段。该阶段施工会对运输发生一定的干扰，工程需要在既有正线、站线上提前插入正式道岔，插完后道岔直股钉死，有的需要恢复直股轨道电路，对既有信号、联锁希望尽可能多做些过渡，其目的是尽量把第三阶段的工作量提前到第二阶段施工。这一阶段中要求电务配合大量的工作，都是在旧设备条件下进行过渡。第三阶段是旧站场信联闭设备停用阶段。对工程施工来讲这一阶段是关键阶段。对既有站场的咽喉区进行改造，要集中一切力量在封锁方案规定的时间内保质保量完成施工任务。要求运输部门必须保证封锁点的兑现，同时确保每天所需的砂石料按时到达。在这一阶段中还要对运输需要使用的道岔配合安装带柄标志，部分专业如房建、通信、电力、信号的移交要求接收单位给予配合。第四阶段是收尾阶段。该阶段新站场设备总体开通使用。对于工程部门来讲，要求 4 个阶段能均衡生产，尽量避免临时集中大量劳力。

2. 运输部门

增建复线工程和站场扩建是由于既有设备满足不了运输需要而进行的，

往往是对运输卡脖子的区段进行扩能建设，因此运输部门既欢迎站场改造，又很难满足工程所必须保证的施工封锁及大量的路料运输，希望能尽量过渡，既保证运输不受干扰，又保证施工正常进行，但由于资金原因限制又往往无法实现。在工程施工第一阶段，要求工程部门对工程的到料提前做出计划，并做好场地和卸车安排，保证随到随卸随运走，不压车皮。为保证运输秩序的正常，工程卸料和工程施工不应影响旅客上下车及货物的正常接发。对临时道岔，要求有完善可靠的信号、联锁条件，确保行车安全。第二阶段，要求工程部门和电务部门密切配合，确保站场信号、联锁设备正常使用，保证行车安全。尽管是临时性的过渡，施工质量也要有保证，设备状态也要有绝对的可靠性和安全性。第三阶段，对于运输部门而言是易出事故阶段，该阶段车站接发车全部是人工操作，发生行车事故及挤岔事故的概率最大，要求工程部门尽量缩短该阶段的工期。同时要求工程部确保运输指挥的通信设备畅通无阻，新建的房屋设备要保障行车人员的工作、休息使用，要求安设带把标志的道岔状态良好、操纵灵活，区段站对机车出入库径路要给予保证。第四阶段，要求所有施工项目配套投入使用。对于运输部门来讲，总的要求是保运输、保安全。

3. 电务部门

电务部门参与的施工主要划分为 3 个阶段。第一阶段主要是通信、电力线路的移设，要求尽量以新代旧。第二阶段信号配合较多，希望工作量尽量减少，过渡时间尽量短。第三阶段要求工程部门轨道和电气集中同时交工，以保证新的信联闭设备的完好使用。

## 1.2 新线引入站改分析

### 1.2.1 新线引入站改既有高速铁路车站布置形式

根据是否新设置独立车场及车场设置形式，新线引入既有高速铁路车站的布置形式可分为分场式和合场式。

1. 分场式

分场式布置指新线引入既有高速铁路车站时，新线独立设置车场，与既有高速铁路各自正线贯通，车场及咽喉区独立布置，一条线路的正线行车不能直接进入另外一条线路的车场的布置形式。

根据新建车场与既有车场相对位置的不同，分场式布置还可细分为平面平行分场式、立体平行分场式、骑跨分场式。在平面平行分场式布置中，新旧车场位于同一高程，车场基线基本平行；在立体平行分场式布置中，新旧车场高程不同，但车场基线仍大致平行；在骑跨分场式布置中，新旧车场高程不同，新线与既有线基本正交，车场基线呈斜交或基本垂直。

根据场间联络情况，可将分场式布置细分为场间无联络线、场间有联络线连通、场间共用部分到发线 3 种布置形式，分别适用于新线与既有线间无跨线列车、有一定数量跨线列车、跨线停站列车和折角列车数量较大的情形。3 种布局分别如图 1-1（a）、（b）、（c）所示。

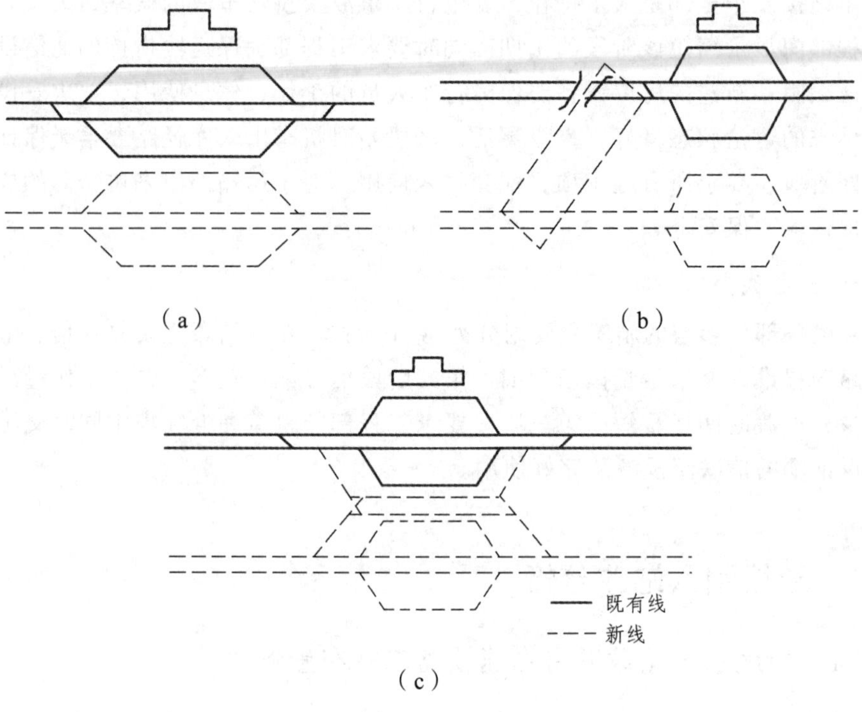


图 1-1　新线引入车站的分场式布局

2. 合场式

合场式布置指新线引入既有高速铁路车站时，与某条或多条既有高速铁路共用一个车场，通过对既有车场进行改造，实现咽喉区集中布置，部分线路正线贯通、部分线路正线可不贯通，一条正线的行车经过共用的车场能够直接转入另外一条正线上的布置形式。合场式布置可分为线路别合场布置和方向别合场布置。

3. 两种布置形式的工程技术经济特征

分场式布置和合场式布置在经济、技术、工程等各方面均具备不同的特征，因而具有不同的适应性。以下对两种布置形式的工程技术经济特征做简要分析。

从工程量和工程造价角度来看，分场式布置需新建独立车场和场间联络线，采用立体（包括骑跨）布局时还需新建桥梁和高架站台，工程量较大，因而工程投资较大；而合场式布置主要对既有车场咽喉区进行改造，对到发线的改造工程较少，工程投资较分场式布局小。

从建成投产后行车组织的便利性角度来看，采用分场式布局引入的新线，通车后运营基本独立，跨线列车通过联络线或共用到发线转线，新车场与既有车场咽喉区交叉干扰小，咽喉区能力相对较大；采用合场式布局引入的新线，咽喉将同时衔接两个及以上方向，造成咽喉区交叉干扰多并影响车站间隔时间，最终影响车站通过能力。

从施工难度和施工对车站工作组织的影响角度来看，分场式布置施工与车站营业区域相对独立，涉及营业线施工和邻近营业线施工较少，施工难度相对较低，对既有车站工作组织影响较小；合场式布置施工需要改造既有咽喉区，必须封锁既有车站的部分设备，影响车站正常接发车作业，此外，新线引入既有站场后需对既有的 CTC、列控和联锁系统进行升级改造，施工难度较大。

综合以上分析可知，采用分场式布置时工程投资较大，对车站工作组织影响较小；采用合场式布置可以降低工程投资，但其施工难度更大，对车站既有设备使用和各项作业开展干扰较大。由于本书主要研究内容为新线引入站改施工对车站通过能力的影响，因此以下均以使用合场式布置的新线引入既有高速铁路车站改造施工为例进行进一步研究。

### 1.2.2 新线引入施工对高速铁路车站通过能力的影响

新线引入既有高速铁路车站改造施工一般不改变车站类型，对客流需求的影响亦有限。新线引入车站改造施工对大型车站通过能力的影响主要从车站技术设备布置及类型变化、列车在车站作业时间及间隔时间变化、车站作业方案变化 3 个方面体现。

#### 1.2.2.1 对车站技术设备的影响

新线引入车站改造施工涉及对车站咽喉、到发线、接触网、信联闭设备、动走线等车站技术设备的封锁改造。各类技术设备的停用封锁和类型变更对车站通过能力产生直接影响。

1. 对咽喉区的影响

施工涉及咽喉部分封锁、既有道岔拆除和新道岔铺设作业，因此从通过能力角度看，施工期间对咽喉区的影响主要体现在进路变化和道岔尺寸变化两个方面。封锁部分道岔（包括只封锁道岔的一个方向）将造成通过这些道岔的进路受到影响，并由此出现 3 种可能造成车站通过能力损失的情形：一是经过被封锁道岔的接发车进路无法使用，导致进路上的到发线无法使用；二是列车必须选择其他进路绕行，造成走行距离延长，增加咽喉占用时长；三是平行进路减少，交叉干扰增加，降低了其他道岔利用率。道岔尺寸变化将引起侧向过岔允许速度变化，该变化通过列车侧向过岔时间映射到车站间隔时间变化，进而引起通过能力改变。

2. 对到发线的影响

当新线引入施工需要对到发线线型或相邻站台进行改造时，需封锁到发线，造成车站通过能力损失。当改造施工集中于到发线一侧时，可在施工区域外围设置车挡，并移设停车标、信号机和轨道电路，将通过式到发线改为尽头线使用。该方法仅损失一侧接车能力和部分有效长，保留了到发线另一侧接发车能力，可以减小能力损失。

3. 对供电和信联闭设备的影响

新线引入施工时期需对施工区域内的接触网停电。由于供电臂设计或停电范围设置不合理，施工区域外的部分接触网区段可能无电，造成线路无法使用。在开始施工和结束施工时，需对车站行车涉及的联锁、列控、LKJ、CTC、微机监测等软件进行换装和升级，以匹配站场实际情况。对大型车站而言，软件换装工作量大、持续时间长，换装完成后拉通试验时间长，不仅需要增加天窗时间，也可能影响后续行车工作。此外，施工期间可能对既有设备进行移设和改造，如移设轨道电路绝缘节和出站信号机位置等，也影响设备占用时间。

在国内高速铁路车站建设实践中，供电和信联闭设备一般与工务设备布置相匹配。因此在新线引入施工中，供电和信联闭设备单独产生的对通过能力的影响有限。

4. 对动走线的影响

新线引入施工时将封锁部分道岔，亦可能封锁动走线，因此动车组进出库进路受到影响，部分到发线上的动车组无法出入段，如在站内长时间停留将影响到发线能力。当车站设置两条及以上动走线，只对其中一条施工时，未受影响的动走线行车量将显著增加。部分动车组出入库需切割正线，进一步限制车站通过能力。

#### 1.2.2.2 对作业时间和车站间隔时间的影响

为避免对其他日常维修和行车造成干扰，新线引入车站改造工程中的天窗点施工一般利用既有天窗完成，不额外延长天窗时间。因此，施工对车站各项作业时间标准的影响主要在技术作业时间和车站间隔时间两方面。

1. 对技术作业时间的影响

新线引入施工对客运相关技术作业影响较小，因此施工期间动车组列车在到发线停留时进行的技术作业时间标准几乎不变。由于咽喉和动走线部分封锁，施工引发的技术作业时间变动主要体现在接发列车时间变动和调车作业时间变动上，包括列车压进站信号机至停稳时间、列车起动至出清时间、动车组出入库时间等。若在到发线停留时各项技术作业时间有压缩余地，则列车在站内技术作业总时间可优化至与正常运营时相近，否则总技术作业时间增加，造成车站通过能力下降。

2. 对车站间隔时间的影响

车站间隔时间的取值和动车组制动及加速性能、控车模式、进出站速度控制、咽喉区道岔布置、咽喉长度等因素均有关。在施工过程中，随着咽喉区布置变化、新道岔启用、正线限速和控车模式的变化，除动车组性能因素不发生变化外，其他影响因素均可能发生变动。各因素独立作用时，车站间隔时间将产生以下变化趋势：

（1）列车到达间隔时间和出发间隔时间变化量与咽喉区长度变化基本呈正比。特别地，在一离去分区长度不变的条件下，出发间隔时间的增幅会随之减小。

（2）列车通过间隔时间与进站信号机至离去信号机间距离正相关。若车站紧凑布置、站内不限速且一离去分区长度固定，列车通过间隔时间只与车站接车端咽喉区长度有关。

（3）列车到达间隔时间和出发间隔时间随道岔侧向通过速度提高而减少。侧向速度越高，不同咽喉区长度的到达间隔时间和出发间隔时间差距越小，但通过提高侧向过岔速度节约的到达间隔时间和出发间隔时间随侧向过岔速度的增加而减少。列车通过间隔时间与道岔侧向通过速度无关。

（4）进站前限速（目标点设置于进站信号机前）将增加区间间隔时间，但可减小列车到达间隔时间。

（5）列车速度相同时进路越长则各类车站间隔时间越长。增加道岔侧向限速点后的进路长度对列车到达间隔时间的增加效果更明显。

#### 1.2.2.3 对车站作业计划的影响

高质量的车站作业计划可以充分利用车站现有各项技术设备实现。新线引入车站改造施工造成车站技术设备布置变化，车站各项作业组织计划需根据设备变化情况调整，尽可能降低施工对通过能力的影响。

1. 对列车开行比例的影响

车站技术设备占用总时间与始发终到、立折、停站通过列车比例有关。在车站改造施工时期，通过变更运行区段和车底外排过夜等调度手段，将部分始发终到和立折列车改为通过列车，提高通过列车占比，可以减少车站设备占用时间，一定程度上缓解由技术设备停用造成的通过能力损失。

2. 对到发线运用方案的影响

新线引入施工造成部分到发线无法使用，或接发列车长度受限，或仅能接发某一方向列车。需根据站场设备布置情况和列车开行比例变化对原有到发线运用方案进行调整，以适应施工期间的运输实际。

3. 对车站作业方案的影响

车站作业方案耦合性强，列车接发顺序和到发线与进路运用需协调匹配。新线引入施工必然引起车站作业方案变更，对某列车作业计划调整不当将影响后续列车对进路和到发线的时空占用。以图 1-2 所示作业计划调整为例，（a）为正常运营时车站作业方案，各项作业时间和间隔时间满足标准。设 2 道封锁施工，调整 G2 次和 G5/6 次作业方案。（b）为合理的调整方案（虚线），（c）和（d）中均存在不合理调整方案（点画线），其在椭圆标注处与其他列车的间隔时间不够，将导致列车无法按图定时间接入车站。

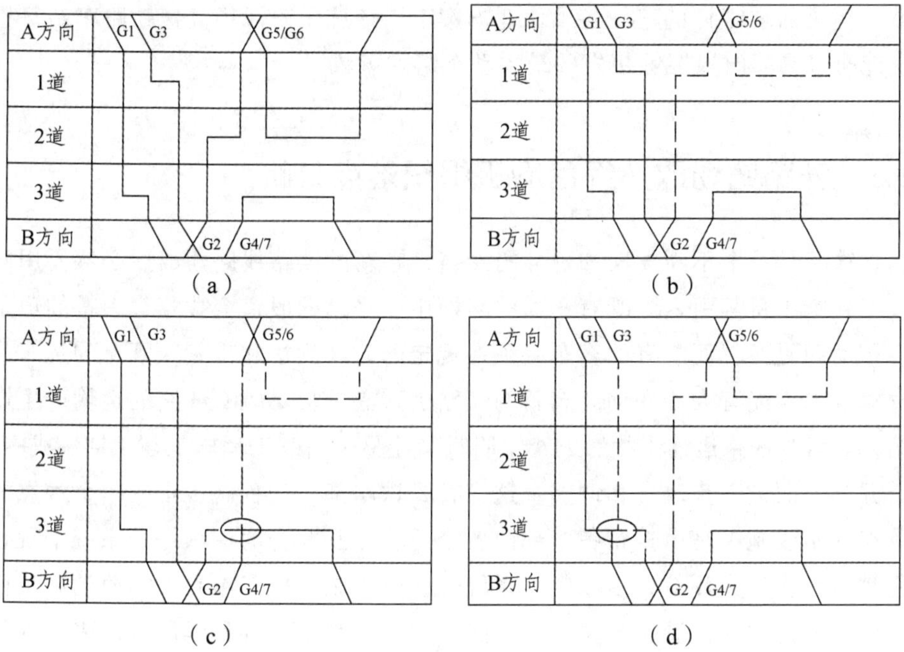


图 1-2　施工时期车站作业计划调整对车站接发能力的影响

基于前述分析，新线引入条件下高速铁路车站通过能力与正常运营时高速铁路车站通过能力的最大不同在于车站技术设备的动态性变化。

正常运营时，高速铁路车站站型布置和道岔、到发线、信号等各项技术设备是确定的静态影响因素，随着设备的建成较难发生变化。由这些技术设备决定的各项技术作业时间标准和车站间隔时间标准取值等也几乎不发生变化。扣除这些静态因素后，车站通过能力完全受运输需求和车站作业方案等动态因素影响，需求变化、作业方案的优化程度决定了车站能否最大限度地利用技术设备、提高通过能力利用率。

在新线引入条件下，高速铁路车站各项技术设备随工程推进发生阶段性改变，由此导致各项技术作业标准发生变化，车站作业计划在此基础之上也需做出相应调整。因此新线引入条件下的高速铁路车站通过能力同时受技术设备、作业标准、作业计划 3 个动态因素影响，其计算结果同时与新线引入站改施工所处阶段和车站作业计划质量优劣有关。

在原有定义基础上，对新线引入条件下高速铁路车站通过能力给出如下定义：在新线引入站改施工过程中，使用每个施工阶段内未受影响的车站设备并根据施工情况确定各项作业过程和时间标准，在根据技术设备、时间标准、客流需求制订的车站各项作业方案下，该施工阶段内高速铁路车站每昼夜或每日高峰时段能够接发的最大动车组列车数。

## 1.3 铁路站场改造综合施工组织难点分析

铁路是一个不断发展和延伸的网络，在新的铁路线路建成后必然要用站改工程施工将其引入到既有车站的路网中，车站的股道会拨移，大量的道岔会移动和更换，而既有的客车必须在规定的时间到达和出发，既有的货车到发对数也不能有大的变动。有新的铁路引入必然会对既有线路的运输产生影响，如何对铁路运输干扰影响小，同时又让整个站改工程施工在工期、成本、资源等方面进一步改善和调整，这一直是铁路部门工程施工中的一个难点和重点。站改施工是由铁路各个部门各个单位相互配合的一项综合系统工程，它是多专业、多环节、多步骤、系统性、较复杂的施工项目，站改的施工网络计划的优化和控制相当关键。铁路部门一直缺乏一种科学的方法来指导站改工作，多年来一直是靠经验和协调会来制订站改方案，经常发生由于施工方案不详细、有遗漏、有冲突等原因造成的延时事故，打乱了运输秩序，给铁路带来了经济损失和负面影响。尽管一些站改方案能较好地兼顾各种约束，但没有综合考虑劳力的配置、道岔的再利用等优化目标，加大了工程的成本。近年来有大量的客运专线修建，它同样要引入我们既有的车站，大量的站改工程施工方案需要一个科学的方法来引导。

### 1.3.1 铁路站场改造综合施工要点

既有线站场改造施工的特点是既要加快工程进度，又要保证运营安全。由于既有站场改造施工多为尽可能保持营运设备正常运转状态下组织施工，既要保证工程进度又不能影响运输生产，致使施工单位面临诸多困难，归纳起来主要有以下几点。

1. 行车干扰大

既有站场要点封闭施工前，预铺道岔、轨排、清筛换枕、施工备料，以及路基帮宽、线路养护等工作均受列车运行的干扰。对于运输业务繁忙的车站而言，干扰更大，安全形势更严峻。

2. 时间紧迫

铁路是国家经济的大动脉，计划外中断行车所造成的经济损失是不可估量的。线路封闭要点施工计划一旦确定，就必须在限定的时间内按时或提前完成施工任务，决不允许拖延滞后。

3. 场地受限

既有站场改造施工时，施工现场遍布各种既有设备，施工单位既不能破坏正在使用的设备，又不能使新设备、材料侵入限界，影响运输安全，致使施工单位的材料堆码、旧料撤除、道岔预铺及滑移工作极为被动。要点施工过程中人员机具更是排布不开，各个施工组相互干扰，影响施工作业效率及站场施工的安全、正点开通。

4. 既有设备状态不明

既有线正常运营状态下有其完整的设备。站场改造一动既有线，既有设备也需作相应的调整。比如轨道电路的调整，既有信号设备的移设等。再加上多年来人员变动、设备更换等种种原因，施工单位不可能对既有工务、电务等部门的设备状态调查了解得极为清楚，特别是地下管线的径路、数量往往很难确认，导致施工单位换枕清筛、开挖土方、铺设电缆等工作存在极大的安全隐患。

5. 受施工区段限制

在站场改造施工中，需要分步、分段封闭施工，而工务、电务的施工是在同一区段、同一范围，并且在站场改造施工过渡完毕后，开通的全部是新设备。过渡时间短，任务盘集中。

6. 地方干扰大

与新线施工相比，既有站场多在人员集中的村镇，施工过程中常常会因各种原因受到干扰，施工单位往往要为道路交通、征地拆迁等工作耗费极大精力，施工进度极易停滞不前。对于工期的延误，地方干扰常常是很重要的因素。

### 1.3.2 铁路站场改造综合施工关键问题

大型站场是铁路运输的关键部位，既有大型铁路站场的改造施工既重要又复杂。为此，在施工中必须加强组织指挥，编制严密的施工方案，做好各方面的协调工作，集中优势兵力打歼灭战，把施工对运输的干扰减到最小并确保安全。

### 1. 合理编制施工方案

站场改造施工大致分为 4 步：扫清外围，过渡施工，停用信联闭（大封锁）施工，扫尾。其中第三步涉及面最大，对运输影响也最大，因此编制施工方案最重要的一条，就是要想方设法、尽最大力量减少大封锁施工期间的工作量，其中包括线路、信号、通信、联锁、闭塞和有关配套项目。同时，从安全性上考虑，大封锁应安排在白天，在天黑以前启用信联闭设备。

### 2. 缩短拆铺道岔的封锁时间

站场改造中有大量的线路、信号工程要封锁施工，其中对运输影响最大的是正线拨接和拆铺道岔，尤以拆铺道岔工作量最大，封锁时间最多，因此，缩短拆铺道岔的封锁时间，是减少对运输干扰的有效途径，也是施工的关键。在这方面可采取的措施有：

（1）尽量在设计道岔位置的旁边预铺道岔，然后整组拖入就位。

（2）对确实无法预铺的单开道岔，宜先在限速条件下换上岔枕，连好直股，封锁时间内只铺设道岔，先开通直股，再做曲股。

（3）封锁前做好充分的准备工作。

（4）龙门轨的长度要复核准确。

（5）严密的施工组织。

### 3. 封锁施工后抓紧整治道岔

新铺设的道岔，不能马上达到质量验收标准，但大多要立即投入使用。因此，道岔的及时整治和调试是保证运输正常和安全使用的关键。

开始封锁施工时就要成立道岔整治小组，由建设单位或分局的工务、电务专业人员负责。小组下设若干作业组，由车站搬道员、施工单位的线路工和信号工、维修单位的工人组成。工作重点是整治转辙部分，必须按计划完成任务。

（1）新上道的道岔由于道床不密实，容易形成吊板，使尖轨与基本轨不密贴，影响道岔转换。因此，施工单位要加强尖轨范围道床的捣固，为道岔整治小组的工作打下基础。

（2）施工人员在封锁施工时要控制好道岔的标高，开通后尽快把道岔的大方向和前后高低做好，回填道床，使道床尽快稳定。

（3）在整治和维修时切不可影响轨道电路，工具必须绝缘，作业必须细心，配件必须标准，确保不造成红光带或影响信号转换。

（4）在道岔交验前，施工单位要安排人昼夜值班，一旦出现问题及时处理，以免影响行车或造成事故。

4. 确保统一指挥

由于站场改造情况复杂，影响面广，且工作非常紧张，突发问题很多，故必须要有强有力的统一指挥。在封锁施工阶段，要组织工程领导小组在现场指挥。工程领导小组视工程规模大小由路局的主要领导或分管领导任组长，建设单位、施工单位和有关运营单位的领导任副组长，成员为有关业务主管部门的负责人和设计人员。领导小组下设若干作业组，如工务、电务、施工方案、物资、安全保卫、生活医疗等。参建单位也要组成指挥机构，形成健全的指挥系统。领导小组的主要工作是，检查和监督施工方案执行情况，遇有特殊情况要修改方案时，要及时做出决策并做周密布置；协调各单位、各专业和各作业组的工作，编制施工进度计划网络图，绘制施工场地规划图，明确各项目的相互关系，做到大家心中有数；及时处理各种施工障碍；检查各单位的人员组织、准备工作、物资供应情况；及时处理诸如变换设计、气候变化的对策、设备故障的排除，以及列车正点运行对封锁时间和管内行车的调整等突发问题。

## 1.4 铁路站场改造综合施工方案编制

站场改造工程规模大、涉及专业多、范围广，是较为复杂的系统工程，要在确保运输畅通、行车和设备安全的基础上，使站场改造施工顺利进行，其中科学严密的施工组织管理是关键。

1. 前期调查

既有站场改造工程除应按照一般工程的要求和内容进行调查外，重点应进行站场既有设备和行车组织的调查。

（1）站容站貌：① 检查设计图标示的股道、道岔是否与现场相符；② 既有站场的股道及作业性质。

（2）轨道设施：① 调查既有线路轨型、轨节长度、轨枕规格、型号、铺设标准、扣件类型、接头类型（分普通、异型或绝缘 2 种）；② 各股道轨道结构、有效长和平纵面现状；③ 长轨接头位置及锁定轨温；④ 调查既有道岔型号、轨型、开向；并核对是否与设计文件一致；⑤ 需要易地利用的旧轨、旧岔及其磨损情况，判定伤残程度，并将轨道、道岔一并绘制成轨节图，图中明确标出异型、绝缘接头位置；⑥ 调查改造范围内既有道床的厚度、板结和污染程度、利用率。

（3）通号设施：调查既有信号联锁、闭塞方式、使用年限；室内组合柜空间、容量、室内电缆路径、室内配线是否与设计图相符；逐一调查改造范围内的信号设备型号、规格、位置，需再用的还需调查伤损程度。

（4）地下管线调查：通信、信号、电力、给排水等地下管线数量、路径及走向。

（5）站场所属分局的运输组织情况。

（6）周围区域可利用的资源情况。

调查新旧设备相对关系，进行站场控制基线复核测量，并设置永久性控制护桩；核定既有股道、道岔平面坐标，绘制新旧线路平面位置对照图与纵断面对照图；对新设计信号设备、新建房屋、接触网等位置按设计文件定位，有与设计文件不符的须及时提出变更。

重点调查运行列车对数、列车运行图间隔（主要是客车最大间隔时间）、“天窗点”形式及时间，车站客、货运量，行车进路，咽喉区行车密度、储备能力，各股道的利用率，站台使用情况。

2. 编制总体施工组织设计

编制施工组织设计时应遵循以下原则：

（1）明确工程的总体要求，明确各部门分工，协调和配合各专业、各工序之间的衔接。

（2）进行方案优化，按照“先主体后附属，先线下后线上，先站前后站后，重点和配套兼顾”的原则，厘清各专业工程之间的关系，确定合理的施工工序。

（3）细化各项工程进度，合理安排确保工程整体推进，同时兼顾配套工程。

（4）制订各专业配合措施，减少相互干扰。

（5）确定旧料利用方案。

（6）要在兼顾运输和既有设备安全的基础上，制订合理的施工过渡方案。

（7）制订安全措施，确保行车运输畅通、既有设备的正常使用和施工人员的人身安全。

（8）理解设计意图和与行车安全的有关要求。要弄清施工图中各股道、道岔的技术标准、改造区域与既有设备之间的关系。通常要将现场调查图与设计图叠加，以确定平面关系，对有疑问或需补充的资料需在编制方案前得到解决。对与行车安全的有关要求，要充分理解以防在编制方案时犯规。

（9）除考虑整个工程的工期要求外，还应注意施工季节等环境因素，每次作业量和对运输的影响程度，以及相关专业的配合情况。一般首先要确定几个大的步骤或阶段性目标，以此为控制点进行中小阶段的优化设计。线路工程一般采取由远及近、由外向内的过渡方案，尤其在股道延长、线间距调整、增设股道时更应如此。道岔施工应在尽可能利用原有信号条件的基础上，优化一次作业时间和作业量。轨道换型施工，则应遵循集中封锁和间隔施工相结合的原则，以减少对运输的影响。方案中的每次时间间隔除考虑必要的准备时间外，还应考虑既有设备的调配和利用，对准备时间的影响以及相关专业的配合。一次作业量和作业时间以安全为前提，以饱满为基础，以干扰少为原则，在此基础上尽量留出足够时间给相关专业施工和调试。

3. 制订过渡方案

在运营线上施工，必须满足运输安全的要求，因此制订科学合理的施工过渡方案是既有站场改造工程施工组织的核心。过渡方案制订原则是：

（1）基础工程条件具备后，首先进行增加股道、道岔、信号电缆敷设和设备安装等施工。

（2）在不改变信号联锁和运输线路的前提下，首先安排下部工程施工，为后续施工创造条件。

（3）按照“先易后难，先站线后正线，先外围后中心，先局部后整体”的原则安排施工过渡。应先对运量小及非集中联锁的次要线路、道岔进行改造；站场咽喉区改造应提前安排，过渡时首先安排平行进路少、室外设备能够新旧替代使用、室内设备不改动的部分进行改造；另外，对于站场内需要移动利用的原材料，尤其是线路材料和信号设备，应尽量提前安排施工；凡牵涉以上施工作业的咽喉区改造，均需结合电气集中开通，在全站大封锁前几天集中完成。

（4）施工过渡应尽量减少对运输的干扰，应通过方案优化，避免频繁改变运输径路，并尽可能缩短封锁、慢行时间。

（5）施工过渡要兼顾相关专业的配合。如工务过渡要与电务过渡密切配合，共同实施，当二者发生矛盾时，应以电务专业为主。在电气化区段进行站场改造时，应综合考虑接触网的施工过渡，并纳入统一方案。对于影响电气集中开通的配套工程应提前安排或同步完成。

（6）施工过渡方案制订过程中，应充分征求运输部门的意见并将他们的意见纳入过渡方案后再实施。

（7）应先向行车组织部门报批施工封锁计划，并完善以下几个方面的工作：① 合理安排施工程序，有效调配劳力，既不能窝工，还应考虑劳力组织的均衡；② 在劳力充足的情况下，尽可能利用“天窗点”组织施工，劳力有限制时，也应安排配合和辅助项目施工，充分利用每次封锁时间；③ 要认真核准每次施工的影响范围，尤其是电务影响范围；④ 上报施工计划，应认真征求相关专业（包括机、车、工、电、辆、供电）的意见。

4. 把握站改施工封锁时间

车站改造是一个纷繁复杂而又细致的系统工作，在封锁之前要做好充分的准备，封锁时间内集中优势劳动力是必不可少的，但采取有效的技术手段在给定的时间内完成施工任务更为重要。

（1）施工前认真将工程项目进行拆解，确定封锁前、封锁中和封锁后应执行的工序，在保证行车安全的前提下，尽量使封锁时间内的工作量最小，工作时间少了，封锁时间相应缩短。

（2）在道岔设计位置旁边有足够场地时，可在场地上将道岔整组拼装好。站改施工时只需将组装好的道岔平移就位即可，其工作量较分部铺钉组装大为减少，并能较好地保证铺设质量。

（3）道岔位置需要纵向移动时，则将整组道岔顶起，置于若干轨道小车或滑块上，沿简易轨道移至规定位置落道就位，能起到减少封锁时间的效果。

（4）如果现场不具备预铺条件，又申请不到足够的封锁时间，可以把铺设一组道岔的工序分为抽换岔枕、铺钉直股和铺钉曲股三大步，逐步实施。

## 1.5 铁路站场改造综合施工技术特点

1. 道岔施工

对于新建线路来说，引入道岔是一项必需的工程，道岔的作用也是各种各样，有的道岔负责分离车道，有的道岔则是负责变更方向，单开道岔是为了进行列车提速，还有一些是以单渡线和八字渡线连接替代既有的单开或者特种道岔，道岔可以说是站场改造技术中运用较多的一种技术，站场的改造一方面是为了适应当下客运业务的需要，另一方面也是因为原有设备太旧而进行更新。为了避免影响旅客列车对数较多的客运站正常的列车接发作业，通常的做法也是利用道岔将列车进行分离，分散到各个线路上，所以说在站场改造施工中，能否使列车经过站场而不拥挤，道岔起着至关重要的作用。

2. 股道改造

在编组场、技术作业区中集中铺设特种道岔，可以有效地缩短咽喉区的长度，我们坐火车的时候可能经常会发现这种现象，这辆车全程都很快，然而当还有一个小时或者几个小时内马上要到达目的地的时候列车突然变慢了，这种列车变慢的目的就是为了等待站场中其余列车的发车，当其余列车发车了，这列列车才会缓缓地驶进站内，造成这种现象的原因一是站场太小，二是列车太多。为了改变这种现象的发生通常就是增加特种道岔，特种道岔的作用就是为了增加咽喉区或者等待区的长度，这就造成了有的车在即将到站前一个小时放慢速度，有的列车在提前两个小时即将到站放慢速度，拥有大量特种道岔的，就可以大大地缩短行车时间，毕竟站场内拥有大量的等待区，不会造成拥挤，身为乘客来说，当然是越快到达目的地越好，所以，特种道岔的修建是十分有意义的。

3. 时间把控

对于站场的改造来说，普遍的站场改造都存在时间限制，一般要求限定时间内完成或限制时间做完某类改造工作等。对于列车来说，因对站场改造时可能会对原有的列车进行停止处理，而列车每停止一分钟所造成的财产损失都是以万元为单位的，故如何在限定的时间内做好限定的工作，对于站场改造来说无疑是个技术活。因此，我们必须首先确定好影响站场改造的一些人为因素和非人为因素，因为在人为因素和非人为因素的影响下，改造时间可能会大大增加，故一定要提前做好相应的准备工作，拿出不同的方案，充分考虑因何种因素会带来何种后果，并制订相应合理有效的计划，提前估算好施工所需时间，以及对紧急情况处理的时间等。并且，限定时间内的工作内容中，可能会需要多个工种同时进行作业，这样的情况用手忙脚乱来形容最恰当不过，不同的工种由于工作内容不同，在工作时相互之间可能产生影响，这种影响会增加施工时间，更有甚者会带来一些不必要的施工麻烦，此类情况发生时，最好还是采用分级分段的方式来进行同时工作，将施工时间降至最低，尽可能保证被停止的列车能够快速投入使用。在对站场进行施工时，最好将所有工作都完成得差不多时再停止线路，并在固有的时间内马上对站场的相应工作进行快速施工，保证站场快速投入使用。

## 1.6 铁路站场改造综合施工安全保障

### 1.6.1 列车运行条件

邻近营业线施工时，须由铁路设备站段派人员到现场监督，方可进行施工。施工期间线路无遗留物料、人员及时下道不影响行车、施工完毕后设备技术标准及质量标准要符合设计标准。如因特殊情况不能按时开通或不能按规定速度运行时，施工单位应提前通知车站值班员，报告列车调度员延长时间的原因或限速运行。

### 1.6.2 车机联控办法

（1）行车人员在行车作业中要严格执行《车机联控标准》和《车机联控标准实施细则》的规定，正确操作轨道车车载无线电台及其他通信设备，熟悉并严格遵守车机联控作业标准。

（2）车机联控设备的安装和使用应符合国家和国铁集团的有关规定，无线列调系统应符合频率、制式等技术规定和设备入网管理要求。车载和手持电台必须经主管鉴定部门按周期检验合格后方可使用。

（3）使用部门应根据使用环境，注意并及时发现设备使用过程中的通信质量不良或通信故障等问题，以便及时报修，保证作业需要。

（4）行车人员在进行车机联控时必须“站站列列呼唤应答”，作业程序规范，使用普通话且用语准确、清晰。

（5）行车人员必须严格执行车机联控信息管理、传递、处理制度，认真填写车机联控信息卡。重要信息的传递、处理、反馈不超过 24 h，一般信息的传递、处理、反馈不超过 72 h，遇有危及行车安全等重大信息时，行车人员应立即通知有关人员或部门进行处理。

### 1.6.3 施工安全监控方案

项目部要成立以项目经理为首的安全监控小组，各成员履职尽责，确保营业线施工全过程、全方位有专人监控；小组成员岗位分工明确、职责明确，实行一岗双责制度，严格执行安全卡控制度；组织机构成员要肩负明确的安全职责，形成图 1-3 所示的基本施工安全监控体系。

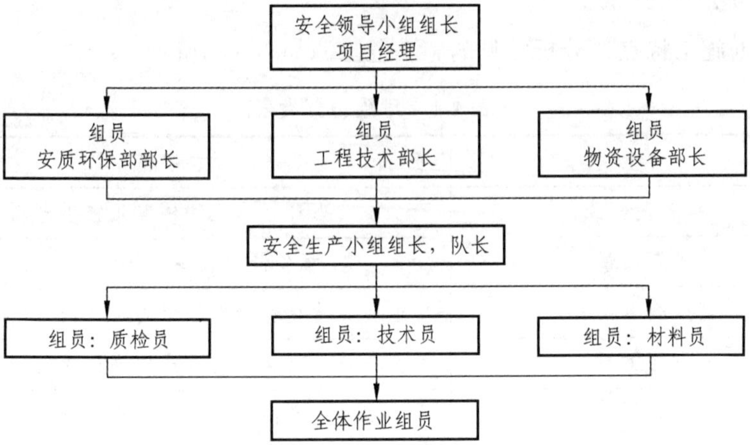


图 1-3 施工安全监控体系

（1）项目经理：全面负责现场施工安全监控，定时召开班前施工安全会议及总结会议，督促监控小组严格执行监控方案并切实履行各自的安全职责。

（2）项目副经理：协助项目经理做好现场施工安全监控。

（3）安全总监：全面负责现场施工安全监控工作，不定期进行现场巡查监督，及时发现现场存在的安全隐患并督促整改。

（4）总工程师：审核实施性的施工组织设计及施工方案，严格把控施工方案的实施，做好施工前的安全技术总交底把关及现场施工安全质量过程控制，为现场施工及突发事件的应急处理提供技术支持。

（5）现场副经理：封锁前召集全体人员对封锁施工注意事项进行安全交底，负责安全重点部位的监控，及时制止并上报危及铁路运营安全的行为。

（6）安全员：负责作业队人员的安全教育及交底，现场安全隐患排查及跟踪整改工作，督促作业人员严格按照规范要求佩戴好个人防护用品，及时制止所有违章行为。

（7）技术员：做好现场施工前日交底工作，对现场施工安全和质量做好技术把关。

（8）小组长：负责现场施工安全质量监控，严格要求作业组按图施工，做好现场作业人员的把控。

## 1.6.4 施工安全危险源识别及安全风险评估

1. 危险源识别

根据施工特点，分析常见的施工危险源如表 1-1 所示。

表 1-1 危险源分类表

| 类型 | 潜在险情 |
| --- | --- |
| 接触网断线 | 当日可能无法恢复正常供电 |
| 吊车倾覆 | 损伤既有设备或侵入限界 |
| 刮碰既有设备 | 造成其他设备损伤，如附加导线、支柱等 |
| 人身伤害事故 | 作业人员高处坠落或因高处落物砸伤 |
| 不可抗力自然灾害 | 地震、暴雨、台风、特大风、雷电等 |
| 其他 | 生活、社会事件等 |

危险性分析：

（1）接触网断线的可能性小，应提前制订切实可行的应急预案，备齐应急材料及工机具。

（2）吊车倾覆的可能性小，应加强监督，严格卡控吊装作业风险，制订切实可行的应急预案。

（3）吊装支柱、横梁时，容易刮碰在用行车设备，应重点防控。

（4）人身伤害事故发生的可能性大，如砸伤手脚、绊倒等，应常备创口药。

（5）不可抗力自然灾害发生的可能性小，应提前制订切实可行的应急预案及应急材料。

（6）其他生活、社会事件发生的可能性小。

2. 物料上、下道安全监控措施

进、出高速铁路防护栅栏时，必须清点人员、工具、材料，并及时锁闭防护网门，防止人员遗漏及闲杂人员进入。

作业组所有的工具物品和安全用具均须编号并粘贴反光标识，在使用前均须进行状态、数量检查，符合要求方准使用。进、出铁路防护栅栏时对所携带和消耗后的机具、材料数量认真清点核对，不得遗漏在线路或铁路防护栅栏内。

各作业组工具物品清点核对按以下规定执行：

（1）地线接挂组携带的工具物品，地线监护人与携带人员相互清点核对，地线监护人为责任人。

（2）各作业小组携带的工具物品，各作业小组组长与携带人员相互清点核对，作业小组组长为责任人。

（3）参加作业的其他人员携带的工具物品，施工负责人与携带人员相互清点核对，施工负责人为责任人。

（4）参加作业的组长、干部负责检查督促工具物品清点核对制度的执行。

（5）在人员进、出铁路防护栅栏时清点核对材料、工具。

（6）工具物品清点核对表参照“高速铁路进、出铁路防护栅栏物品清点核对表”格式。一个作业组一张清点核对表。工具物品清点核对表与作业票一并保存。作业人员撤离现场前，技术、安质人员及现场盯岗人员（带班人员）应对施工管段进行全面检查，确保线路达到送电开通条件，物料上、下道由作业队长、副队长、安质人员负责监督盯控。

3. 接触网吊装作业安全监控措施

（1）吊车司机必须经过专业培训，并经有关部门考核合格后，取得起重机械作业特种作业证，方可驾驶及操作吊车。

（2）施工前合理安排施工时间，避免雨雪、大风天气施工。施工安全人员负责监控，风力超过 5 级时禁止作业。

（3）作业前应将吊车支腿全部伸出，对于承压能力不够的地面，撑脚下必须垫枕木、钢板等，支撑面积不小于 1 $m^2$，调整支腿使机体达到水平要求，专人防护和专人观察各支腿情况，防止吊车倾斜。

（4）起吊重物时要平稳、找好重心，重物吊起后不能发生偏移。

（5）起重重物时，严禁进行超负荷起吊，以避免因机械零件磨损而造成钢丝绳滑脱或断裂等，进而引起行车、吊车倾翻，重物掉下伤人、毁物事故的发生。

（6）作业中发生起重机倾斜、支腿不稳等异常现象时，应立即使重物下降落在安全的地方，下降中严禁制动。

（7）必须实行“一机一防护”盯岗作业，指挥人员应使用同一指挥信号，信号要鲜明、准确，起吊司机必须听从指挥。

4. 夜间施工安全措施

每次施工前日由施工负责人或盯岗干部组织有关责任部门和参加夜间施工的班组人员进行针对性的安全交底和技术交底，并制订切实可行的施工方案和安全措施，此外，还应总结吸取以前夜间施工的经验或教训。

在夜间进行电缆割接作业时必须有足够的照明灯具。照明用具应满足夜间 200 m 范围内照明充足，4 h 内连续使用条件。

夜间施工的当天，必须把当晚使用的工具、材料备足，并对经常使用的关键工具进行检查，对有缺陷的工具、材料要及时更换，防止由于夜间施工观察不到而发生事故，对关键工具、材料应有备品。

5. 车辆送接工安全措施

（1）出车前司机应对车况进行检查，确认车辆状况良好，水、油等充足。

（2）车辆、行人必须各行其道，严禁逆行；车辆经过机关、军营、企业、学校、村镇等要减速慢行；雨天路面有积水时应注意行人，避免将水飞溅至行人身上。

（3）货车出发前应检查确认货物装载平稳，加固牢靠；货车运行过程中随车人员应注意观察车上货物有无偏载，通过限高门时应检查确认可以通行后方可通过，否则应改道。

（4）车未停稳不得上下车，车辆行驶中身体任何部位不得伸出车外，不准跳车。

（5）所有车辆使用严格执行派车单制度，严禁无单出车。

（6）所有司机严禁酒驾、醉驾，司乘人员应严格遵守交通法规，严禁超载、超速行驶。

（7）交通安全措施由安质人员负责盯控。

6. 施工完毕前安全质量卡控

施工完毕前必须对所有动过的设备和新安装的设备进行质量检查，确保安全质量达到送电开通条件，特别要对设备运行状态进行检查确认，由技术负责人和安质负责人进行监控。

### 7. 施工作业时间卡控

施工过程中应留有足够的时间对现场进行检查，确保所有人员及料具在线路封锁前全部撤离线路，严禁压点施工。施工时间卡控由作业队长、副队长进行落实，驻站联络员要按要求进行提醒，因特殊情况需要延点的必须提前征得供电配合人员、行调、电调同意确认可以延点后方可延点作业，时间卡控由作业队长负责。

### 8. 高速铁路作业安全防护措施及上道要求

在进行接触网及接触网电缆迁移作业时，作业组全体成员须穿戴有反光标识的防护服、安全帽。作业组有关人员应携带通信工具并确保联系畅通。在夜间进行接触网作业时必须有足够的照明灯具。照明用具应满足夜间 200 m 范围内照明充足，4 h 内连续使用条件。

进、出铁路防护栅栏时，必须清点人员，并及时锁闭防护网门，防止人员遗漏及闲杂人员进入。

工具物品清点核对表参照“高速铁路进、出铁路防护栅栏物品清点核对表”格式，一个作业组一张清点核对表。工具物品清点核对表与作业票一并保存。

### 9. 停送电确认安全卡控措施

（1）驻站防护与工作领导人做好停送电命令的传达工作，同时按要求填写记录，工作领导人和现场施工负责人负责确认。

（2）做好停电的命令传达，各小组负责人做好复诵，保持长大物体与带电体的绝缘距离。

（3）停电后，施工负责人与地线接挂人员做好接地位置的确认，待作业区段满足封锁停电作业的安全条件后，施工负责人发布开工作业。

（4）作业完毕后，施工负责人清点确认全部作业人员、机具、材料撤至安全地带，并逐项清点确保作业现场无遗留后方可发布拆除地线命令，再由工作领导人宣布作业结束命令后方可撤离现场。

（5）施工负责人确认各组人、机、料全部撤出线路并做好记录。

（6）施工负责人和工作领导人再次确认线路满足送电开通的条件后，由工作领导人联系驻站人员按照要求销令。

### 10. 高空作业安全卡控措施

（1）对所用安全用具、作业车梯等施工用品进行检查，确保符合规范要求。

（2）高处作业人员必须系好安全带，安全带应高挂低用。

（3）每处高空作业小组设置监护人员和盯控人员；严禁在无人监护或监护人员未到位时单独作业。

（4）作业时，严禁踩踏重点保护的部件或设备，作业人员应确保既有设备安全，避免施工料具刮碰既有的绝缘子等设备，要使用专门用具传递物件、材料，严禁抛掷传递。

11. 梯车使用安全卡控措施

（1）梯车作业人员应在使用梯车前检查梯车是否稳固，随时检查，确认梯车状态良好，在未封锁线路时严禁搬动梯车提前上道。

（2）作业时应指定梯车负责人，工作台上人员与梯车人员呼唤应答，配合妥当。

（3）梯车作业平台上不得超过 2 人，作业时所有零部件不得放置在工作台面上，防止高空掉物伤人。

（4）作业中推动梯车应服从工作台人员的指挥，当梯车工作台上有人时，推动梯车的速度不得超过 5 km/h 并不得发生冲击和急剧起、停，工作台上人员和梯车负责人要呼唤应答配合妥当。

（5）小组长和推梯车人员要时刻注意和保持梯车稳定状态，行走在曲线小半径时，梯车需安装防倾器，防止梯车倾倒；梯车作业平台作业人作业时，作业人员应站到曲线外侧并系好安全带。

（6）梯车在铁路线上推动时严禁作业人员上下。

（7）要正确、合理使用抓轨器，运行中要注意观察线路状态；作业开始或结束时，在线路上运送梯车过程中，严禁人员站在梯车上，并确保梯车运行速度可控。

12. 邻近营业线施工安全卡控措施

（1）邻近营业线的各类施工均设置现场防护员，对纳入“邻近营业线施工安全监督计划”的项目施工，同时设置驻站联络员。

（2）严格按照文件要求，进行邻近作业前，提前检查既有设备防护措施是否得当可靠，必要区域设置硬隔离或防护墩。

（3）严格执行一人一机一防护设置，确保行车安全。

13. 防触电安全卡控措施

（1）施工前，组织参与施工人员学习变电所馈线供电划分及供电分区相关知识，掌握停电范围，对动走线接合部区域不同供电区支柱安装警示标语。

（2）电缆割接试验、接触网设备安装施工时，严格落实短接线要求，施工前短接释放残余电流后方可对相关设备进行施工。

（3）严格执行停送电签认手续，未进行停送电签认，严禁开工作业，作业人员应与供电设备保持 2 m 以上安全距离。

14. 施工器具管理安全卡控措施

对施工用接地线、验电器、绝缘用具、测量工具、张力工具及安全帽、安全带等防护用具送至符合检测资质的机构进行检测，检测、校验合格后方能进场使用，建立管理台账，并在过程中进行全程监管。

对施工用导链葫芦、紧线器、滑轮组等张力工具，使用前检查试用状态是否良好，有无缺陷损伤。使用时选用的规格型号工具必须与施工项目张力匹配，相互检查确认连接可靠，并观察使用过程中状态，保证施工安全。

### 1.6.5 施工安全卡控相关制度

1. 严格施工组织设计和方案的编制、审定及报批程序

工程开工前，根据工程特点和现场实际情况，进行全面详细的现场调查。根据工程工作量、施工可能影响行车的范围和时间、技术难易程度、作业步骤和程序等方面，制订科学严谨的、切实可行的施工组织计划和施工方案。由项目总工组织项目部施工负责人、工程部、安质部及作业班组带班人员进行研讨、优化审定后上报；经车间、段技术科、安全科等科室及段领导审核会签后，上报集团处室审查，完成方案报批手续。

2. 严格“十不准”制度

未取得施工许可证不准开工；未签订施工安全协议书，不准施工；不登记要点，不准施工；盯岗干部不到位不准施工；监理人员不到位不准隐蔽工程施工；配合单位人员不到位不准施工；没有制订安全措施和应急预案不准施工；不准擅自变更施工地点、扩大施工影响范围和增加施工项目；未探明地下管线，未按规定对既有设备采取保护措施，不准施工。

3. 严格执行施工安全技术交底制度。

全面交底，落实安全防范措施，严禁盲目施工。施工负责人和安全管理

及技术人员必须将安全措施、操作规程、技术标准、施工程序、质量要求以及应注意的问题等向施工人员进行详细的技术交底。

结合落实安全技术方案组织培训学习，对所有参与施工的人员进行安全培训学习教育，让参与施工的所有人员严格遵守施工作业纪律；了解施工地段和施工过程中的安全注意事项；掌握营业线作业的安全技术要求、安全防护和自我技术技能以及材料、机具的安全使用常识。

4. 严格营业线施工的登、销记制度

凡占用线路或影响行车设备正常使用的作业，均应严格履行施工要点程序。根据施工计划内容，按规定程序和步骤，进行相应的登记和要点手续。在施工前提前到车站进行登记，在取得行车调度命令或车站的同意，办理妥当相关手续后，方可正式进行施工作业，并保证在规定时间内完成。

营业线各类施工作业杜绝违章指挥、冒险作业和盲目蛮干的行为。严禁臆测行车进行施工作业。严禁未经行车调度和车站同意提前上线作业或擅自施工。

5. 驻站联络员、现场防护员安全卡控制度

（1）驻站联络员作业安全要求。

驻站联络员进入车站行车室驻站作业前，向项目施工负责人了解当天施工作业计划，并熟悉掌握工地所在地点、范围。

驻站联络员进入行车室时，须佩戴工作牌，于作业开始前 60 min 和作业结束后，按规定办理运统 46 登销记，若有配合施工单位，则需配合施工单位（或施工安全监督单位）驻站联络员签认，车站值班员阅读后签名。

驻站联络员工作期间服从车站值班干部和车站值班员的管理，施工期间，不得擅自离开登记所在站的行车室。

驻站联络员必须携带对讲机等通信设备，检查通信设备通话质量是否良好，并先进行试验通话，施工前与现场防护员（或施工负责人）取得联系，准确对时（以车站值班室钟表为准），了解现场准备情况，并与现场防护员相互核对当日施工项目、地点等，准确及时向施工现场防护人员转达有关影响供电安全情况、调度命令和上级指示。

施工完毕，按照施工负责人命令向车站值班员传达作业完毕，通知具备送电条件。

封锁施工驻站联络员的要求按《105号文》封锁施工要求办理。

（2）现场防护员作业安全要求。

掌握作业内容及作业项目、地点、分组数量、作业人数、影响范围、配合部门，并全程防护。试验并确认联络工具状态良好，确认调度命令和作业时间。

现场防护员必须携带对讲机等通信设备（在线路内时携带防护旗、防护喇叭等），检查通信设备通话质量是否良好，并先进行试验通话，施工前与驻站联络人员取得联系，并相互核对当日施工项目、地点等，准确及时向施工负责人汇报驻站联络人员转达的有关影响设备供电运行情况、调度命令和上级指令，并用专用登记本做好记录。

作业过程中，工地防护员必须与驻站联络员保持通信畅通，及时准确将驻站联络员所通知的信息通报施工负责人；一旦联控通信中断，工地防护员应及时通报施工负责人，施工负责人接到通报后立即命令所有作业人员撤至安全地带；严禁封锁施工期间关闭对讲机。

担任防护工作时，不得兼做施工员和其他工作，不得临时调换；当班时必须集中精力，认真瞭望，不得离岗和做与本职工作无关的事情。

邻近施工防护时，必须随时监控现场施工人员和机具、机械材料是否侵入设备限界；发现立即制止，若无法制止，必须电话报告项目部管理人员，由管理人员进行处理。

### 6. 严格遵守营业线施工安全防护制度

各类施工，不论影响行车的范围大小和时间长短，都必须遵循“先防护后施工”的原则，按规定的标准和程序设置或撤除防护。防护人员必须经过专业技术培训学习，经考试合格后，持证上岗作业。

### 7. 严格遵守营业线物料上、下道清点核对制度

进、出高速铁路防护栅栏时，必须清点人员、工具、材料，并及时锁闭防护网门，防止人员遗漏及闲杂人员进入。

作业组所有的工具物品和安全用具均须编号并粘贴反光标识，在使用前均须进行状态、数量检查，符合要求方准使用。进、出铁路防护栅栏时对所携带和消耗后的机具、材料数量认真清点核对，不得遗漏在线路或铁路防护栅栏内。

8. 严格干部盯岗把关制度。

认真落实干部逐级负责制，将安全职责明确到人，精心组织，全面负责。凡属要点进行的关键危险工序，必须有相应的领导和负责人到现场盯岗值班，组织指挥，监督检查，严格管理，协调各单位部门的工作，进行安全把关，确保万无一失。

# 第2章　高速铁路车站理论通过能力推算方法

针对车站通过能力，有些研究提出不同层次车站通过能力的计算方法，有些研究通过交叉进路条件下接发列车的最优化作业时序，最后提出能力损耗率的概念和计算方法，有些研究通过建立咽喉区和到发线一体化，构建列车进路分配方案优化模型。针对车站通过能力的研究成果很多，主流思路是分别计算咽喉通过能力和到发线通过能力，再核定出高速铁路车站通过能力，为解决偏差问题，利用通过能力评估和能力利用率等方法进行修正。

在借鉴传统研究成果基础上，基于高速铁路车站基本布局抽象出站场网络图，并依据动车组列车车流特点，形成多品种流网络图。基于多品种流网络研究基础，研究高速铁路车站理论通过能力的计算方法和推算模式，从而推算出动车组列车车流通过咽喉区不同顺序进出到发线的理论通过能力。

本章所形成的独创性理论通过能力推算方法主要思路是：

按照高速铁路车站基本布局，将高速铁路车站抽象为网络图。基于动车组列车咽喉通过时间基本相同的特点，将咽喉区网络简化为单品种流网络，据此计算咽喉时间占用并推算咽喉能力。按照动车组列车进出到发线通过咽喉区先后顺序以及到发线停留时间的不同，将到发线接发的动车组列车归类为多品种流，到发线区域网络形成多品种流网络，据此计算到发线接发能力。鉴于网络图流量分配理论仍然适用于行车组织的特点，在遵从咽喉与到发线、咽喉与咽喉之间相互关联、相互制约的关系以及行车进路生成规则的基础上，针对动车组列车车流进出到发线通过咽喉区先后顺序的不同状态，分别进行网络图流预推，推算出高速铁路车站的多态理论通过能力，同时得出每种状态理论通过能力下被归类动车组列车的组合能力。

## 2.1 符合高速铁路车站站场布局及车流特点的多品种流网络图构建

### 2.1.1 多品种流网络构建

1. 网络图结构构建

（1）设定 $x_i$ 表示站场图左侧进出车站第 $i$ 个分界点，形成点集 $X=\{\cdots, x_i, \cdots\}$；$y_i$ 表示站场图右侧进出车站第 $i$ 个分界点，形成点集 $Y=\{\cdots, y_i, \cdots\}$；$d_i$ 表示动车所和车站的第 $i$ 个分界点，形成点集 $D=\{\cdots, d_i, \cdots\}$。设定节点 $A_i$ 和节点 $B_i$ 分别表示第 $i$ 条到发线站场网络图左侧分界点和右侧分界点，分别形成点集 $A=\{\cdots, A_i, \cdots\}$ 和 $B=\{\cdots, B_i, \cdots\}$。将站场网络图左右咽喉区分别称为 $A$ 咽喉区和 $B$ 咽喉区。

（2）设定 $v_i$ 咽喉区道岔，也将进出站信号机视为道岔组，即进出站信号机与进出站方向最外侧道岔之间视为咽喉。

（3）针对到发线左侧所有分界点 $A_i$ 做一个 $A$ 截面，针对到发线右侧所有分界点 $B_i$ 做一个 $B$ 截面，针对到发线区域做一个流汇集的 $C$ 截面。给定车站有 $m$ 条到发线即 $C$ 截面有 $m$ 条边。

基于以上分析，形成图 2-1 所示的网络图，其中图左侧至 $A$ 截面之间以及图右侧至 $B$ 截面之间已经被简化为单品种流网络，$A$ 截面和 $B$ 截面之间为多品种流网络。

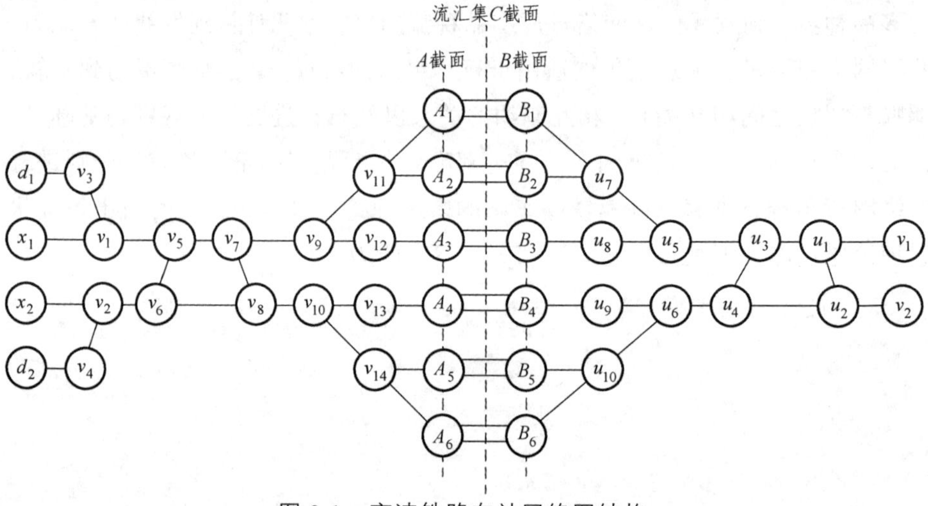


图 2-1 高速铁路车站网络图结构

2. 进路数据集算法

将站场图抽象成站场网络图后，需要遵从实际行车组织以及行车进路规则生成进路数据集。每一个进出站方向与每一条到发线之间可能出现无进路、只有一条或多条进路的情况，构建算法时分别针对 $A$ 咽喉区和 $B$ 咽喉区依次选择进出站方向的点（包括动车所和车站分界点）与到发线左右两侧点作为起点或终点，再基于站场网络图点线坐标衔接关系以及行车进路规则，推出进出站进路。

**算法 2.1　生成进路数据集 $L_{pass}$ 算法**

（1）选择车站左侧点集 $X$ 中进站方向的点 $x_i$ 以及点集 $D$ 中的点 $d_i$ 作为路径起点，再选择到发线左侧点集 $A$ 中的点 $A_i$ 作为路径终点，基于站场网络图中点线坐标的衔接关系以及行车进路生成规则，推出 $A$ 咽喉区每一个进站分界点和每一条到发线之间的进站进路。

（2）选择到发线左侧点集 $A$ 中的点 $A_i$ 作为路径起点，再选择车站左侧点集 $X$ 中出站方向的点 $x_i$ 以及点集 $D$ 中的点 $d_i$ 作为路径终点，基于站场网络图中点线坐标的衔接关系以及行车进路生成规则，推出 A 咽喉区每一条到发线和每一个出站分界点之间的出站进路。

（3）$B$ 咽喉区的进出站进路推断与 $A$ 咽喉区雷同。

生成的进路数据集 $L_{pass}$ 构成以表 2-1 的形式列出。为了选择占用咽喉资源尽可能少的进路，将进路数据集中每一个起点至终点之间的进路，按照进路咽喉数量 $K_j$ 递增排序，再将每条进站进路中的咽喉按照进站顺序排列，每条出站进路中的咽喉按照出站顺序排列。

表 2-1　进路数据集

| 咽喉区 | 进路类别 | 进路起点 | 进路终点 | 进路数量 $n$ | 进路编号 $j$ | 进路咽喉 | 咽喉数量 $K_j$ |
|---|---|---|---|---|---|---|---|
| $A$ 咽喉区 | 进站进路 | $x_i$ 或 $d_i$ | $A_i$ | … | … | …，$(v_i, v_j)$，… | … |
| | 出站进路 | $A_i$ | $x_i$ 或 $d_i$ | … | … | …，$(v_i, v_j)$，… | … |
| $B$ 咽喉区 | 进站进路 | $y_i$ 或 $d_i$ | $B_i$ | … | … | …，$(v_i, v_j)$，… | … |
| | 出站进路 | $B_i$ | $y_i$ 或 $d_i$ | … | … | …，$(v_i, v_j)$，… | … |

### 2.1.2　站场网络图参数构建

给定时间周期 $H$，默认为 24 h，转换为分钟单位周期 $T=60\times H$。动车组列车咽喉占用时间主要有接（发）车进路准备时间$\Delta t_1$、区间列车间隔时间$\Delta t_2$

及到发线停车间隔时间$\Delta t_3$。根据列车运行图、车站股道运用图、车站能力查定报告等，可以查定出此 3 类时间。此 3 类时间对所有通过咽喉区的动车组列车基本相同。

#### 2.1.2.1 咽喉区域网络参数构建

根据车站站场工程图纸以及信号设备平面布置图，查定每个咽喉距离，再依据《铁路技术管理规程》(高速铁路部分)查定动车组列车进出站速度，计算动车组列车通过咽喉时间。结合查定的接(发)车进路准备时间和区间列车间隔时间，得出每个咽喉的时间占用。取 $T/t_{ij}$ 的整数作为时间周期 $H$ 内咽喉通过的最大列车数即边的容量，即有公式(2-1)，同时将以上参数通过表 2-2 形式列出，其中如果$\Delta t_1<\Delta t_2$则$\Delta t=\Delta t_2$，否则$\Delta t=\Delta t_1+\Delta t_2$。

$$c_{ij}=\text{INT}(T/t_{ij}) \tag{2-1}$$

表 2-2 进出站信号机与进出站方向最外侧道岔之间以及每个咽喉的参数

| 网络图咽喉边 | 咽喉距离/km | 进出站列车速/km/h | 咽喉通过时间/min | 进路准备时间/min | 区间列车间隔时间/min | 咽喉时间占用/min | 边容量 | 边流量 |
|---|---|---|---|---|---|---|---|---|
| $(v_i, v_j)$ | $l_{ij}$ | $v$ | $\Delta t_{ij}=l/v\times 60$ | $\Delta t_1$ | $\Delta t_2$ | $t_{ij}=\Delta t_{ij}+\Delta t$ | $c_{ij}=\text{INT}(T/t_{ij})$ | $f_{ij}$ |

设定咽喉区域网络的线路参数容量、流量、时间占用为单品种流，如图 2-2 所示，其中 $f_{ij}$ 为边$(v_i, v_j)$的流量，有 $0\leqslant f_{ij}\leqslant c_{ij}$。

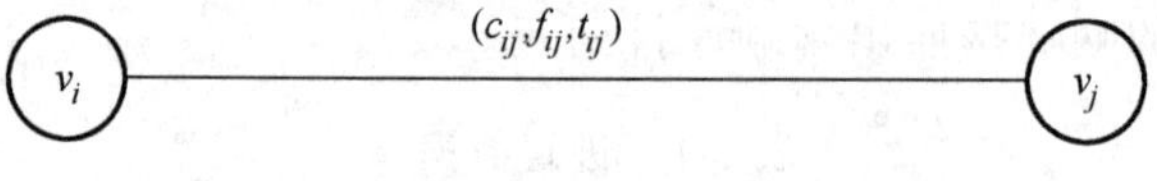


图 2-2 咽喉区域网络的线路参数

实际中会有其他时间占用 $t_\alpha$，可以将 $t_\alpha$完善到公式(2-1)的 $t_{ij}$ 中，即 $t_{ij}$ 包含咽喉其他时间占用 $t_\alpha$。

#### 2.1.2.2 到发线区域网络参数构建

基于高速铁路枢纽站动车组列车通过咽喉方式以及到发线停留时间的不同，结合查定的接(发)车进路准备时间和到发线停车间隔时间，按照表 2-3 第 1-3 列的形式进行归类，最后可以得出到发线的时间占用，将其他参数一同通过表 2-3 第 4-8 列的形式列出，其中如果$\Delta t_1<\Delta t_3$则$\Delta t=\Delta t_3$，否则$\Delta t=\Delta t_1+\Delta t_3$。

表 2-3　动车组列车运行方式归类及相关参数

| 动车组列车类别 | 通过咽喉方式类别 | 说明 | 进站数量 | 到发线停留时间/min | 接（发）车进路准备时间/min | 到发线停车间隔时间/min | 到发线时间占用/min |
|---|---|---|---|---|---|---|---|
| 始发动车组列车Ⅰ | 出动车所非折返 | 出动车所和出发的咽喉不同 | $Q_{\mathrm{I}1}$ | $\Delta t_{\mathrm{I}}$ | $\Delta t_1$ | $\Delta t_3$ | $t_{\mathrm{I}}=\Delta t_{\mathrm{I}}+\Delta t$ |
| | 出动车所折返 | 出动车所和出发的咽喉相同 | $Q_{\mathrm{I}2}$ | | | | |
| 终到动车组列车Ⅱ | 非折返去动车所 | 进站和去动车所的咽喉不同 | $Q_{\mathrm{II}1}$ | $\Delta t_{\mathrm{II}}$ | | | $t_{\mathrm{II}}=\Delta t_{\mathrm{II}}+\Delta t$ |
| | 折返去动车所 | 进站和去动车所的咽喉相同 | $Q_{\mathrm{II}2}$ | | | | |
| 中转动车组列车Ⅲ | 非折返 | 进站和出站的咽喉不同 | $Q_{\mathrm{III}1}$ | $\Delta t_{\mathrm{III}1}$ | | | $t_{\mathrm{III}1}=\Delta t_{\mathrm{III}1}+\Delta t$ |
| | 折返 | 进站和出站的咽喉相同 | $Q_{\mathrm{III}2}$ | $\Delta t_{\mathrm{III}2}$ | | | $t_{\mathrm{III}2}=\Delta t_{\mathrm{III}2}+\Delta t$ |

为了表述方便，将表 2-3 的通过咽喉方式类别称为 6 类动车组列车，即网络图有 6 种品种流。鉴于实际中可能出现不止此 6 类动车组列车，如不停车通过动车组列车等，可以在 6 类动车组列车基础上补加进行相应扩展。另外，到发线时间占用还会有进站减速停车和加速出站等其他时间占用 $t_\beta$，可以将 $t_\beta$扩充到表 2-3 到发线时间占用中。

1. 单条到发线参数

针对单条到发线节点 $A_i$ 和节点 $B_i$ 之间的线路，设定 $f_{\mathrm{I}1}$、$f_{\mathrm{I}2}$、$f_{\mathrm{II}1}$、$f_{\mathrm{II}2}$、$f_{\mathrm{III}1}$、$f_{\mathrm{III}2}$ 分别表示 6 类动车组列车数量，$c_{ij}$ 表示单条到发线最大能力，在一个时间周期 $T$ 内可有 $f_{\mathrm{I}1}\times t_{\mathrm{I}}+f_{\mathrm{I}2}\times t_{\mathrm{I}}+f_{\mathrm{II}1}\times t_{\mathrm{II}}+f_{\mathrm{II}2}\times t_{\mathrm{II}}+f_{\mathrm{III}1}\times t_{\mathrm{III}1}+f_{\mathrm{III}2}\times t_{\mathrm{III}2}\leqslant T$，同时有公式 $f_{\mathrm{I}1}+f_{\mathrm{I}2}+f_{\mathrm{II}1}+f_{\mathrm{II}2}+f_{\mathrm{III}1}+f_{\mathrm{III}2}\leqslant c_{ij}$。由于查定的时间占用为最低限，实际行车组织方案的这些时间会高于规定的时间占用，另外为了对被归类动车组列车在能力组合时不发生数值“溢出”问题，本文采用 6 类动车组列车的最大到发线时间占用作为计算基准，即有公式（2-2）。

$$t_{AB}=\max\{t_{\mathrm{I}}，t_{\mathrm{II}}，t_{\mathrm{III}1}，t_{\mathrm{III}2}\} \qquad (2\text{-}2)$$

对时间周期 $T$ 内单条到发线接收列车能力 $c_{AB}$ 取 $T/t_{AB}$ 的整数，即有公式（2-3）。

$$c_{AB}=\mathrm{INT}(T/t_{AB}) \tag{2-3}$$

基于以上分析，针对到发线区域网络节点 $A_i$ 和节点 $B_i$ 之间线路对应的到发线，设定参数为复合参数，其中 3 组参数依次表示到发线容量、每种品种流量以及对应品种的时间占用，取值均为正整数或 0，如图 2-3 所示。

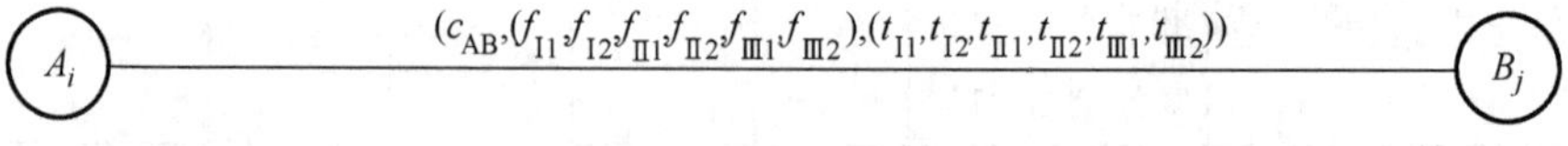


图 2-3　到发线复合参数

可知咽喉区域网络为单品种流网络，$A$ 截面和 $B$ 截面之间到发线区域网络为多品种流网络。

2. 所有到发线参数

鉴于本文只针对高速铁路枢纽站理论通过能力进行研究，不涉及单条到发线接发不同类别动车组列车具体数量的行车方案问题，即不考虑公式 $f_{I1}\times t_{I}+f_{I2}\times t_{I}+f_{II1}\times t_{II}+f_{II2}\times t_{II}+f_{III1}\times t_{III1}+f_{III2}\times t_{III2}\leqslant T$ 中 6 类动车组列车数量，只是在遵从咽喉与到发线、咽喉与咽喉之间相互关联、相互制约的关系以及行车进路生成规则的基础上，基于公式（2-1）确定的咽喉能力以及公式（2-3）确定的单条到发线能力限制下，最多能有多少动车组列车进出所有到发线以及 6 类动车组列车的能力组合如何，可以从站场网络图 $A$ 截面、$B$ 截面、$C$ 截面的角度研究车站理论通过能力问题。

设定第 $i$ 条到发线节点 $A_i$ 接收最大流量为 $f(A)$，$A$ 截面接收最大流量 $Q_A$，则有公式（2-4）。

$$Q_A=\sum_{i=1}^{m} f(A_i) \tag{2-4}$$

设定第 $i$ 条到发线节点 $B_i$ 接收最大流量为 $f(B_i)$，$B$ 截面接收最大流量 $Q_B$，则有公式（2-5）。

$$Q_B=\sum_{i=1}^{m} f(B_i) \tag{2-5}$$

针对整个到发线的 $C$ 截面接收最大流量 $Q_C$，则有公式（2-6）。

$$Q_C=Q_A+Q_B \tag{2-6}$$

由此可知 $Q_C$ 即为高速铁路枢纽车站的理论通过能力，结合表 2-3 归类的 6 类动车组列车可有公式（2-7）。

$$Q_{\text{I}1}+Q_{\text{I}2}+Q_{\text{II}1}+Q_{\text{II}2}+Q_{\text{III}1}+Q_{\text{III}2}=Q_C \tag{2-7}$$

针对以上分析以及公式可知，需要解决的问题是通过何种方法以及如何推算出到发线节点 $A_i$ 接收最大流量 $f(A_i)$以及到发线节点 $B_i$ 接收最大流量 $f(B_i)$。鉴于网络图流预推是不考虑流分布状态下，基于网络流理论推算网络图能够通过的最大流流值是多少，由此本书采用流预推方法推算 $f(A_i)$和 $f(B_i)$的值。

## 2.2　基于网络流预推过程的高速铁路车站多态理论通过能力推算

为了体现咽喉与到发线之间以及咽喉与咽喉之间相互关联、相互制约的关系，流预推过程中必须遵从“有进才有出，有出必有进”的行车原则，同时也必须保证进入到发线进路流量、到发线剩余能力以及流出到发线进路流量这 3 者之间协同的原则，另外还需要遵从进路之间共用咽喉进出流量“相互制衡”的原则。基于以上原则，车流通过咽喉区进出到发线的先后顺序不同，会导致咽喉通过能力以及车站通过能力的结果不尽相同，据此通过表 2-4 的形式列出了 8 种进出到发线咽喉先后顺序的不同状态。

表 2-4　进出到发线的咽喉先后顺序状态

| A 咽喉优先进到发线 | B 咽喉优先进到发线 |
| --- | --- |
| A 咽喉进 A 咽喉出 B 咽喉出+B 咽喉进 A 咽喉出 B 咽喉出 | B 咽喉进 A 咽喉出 B 咽喉出+A 咽喉进 A 咽喉出 B 咽喉出 |
| A 咽喉进 A 咽喉出 B 咽喉出+B 咽喉进 B 咽喉出 A 咽喉出 | B 咽喉进 A 咽喉出 B 咽喉出+A 咽喉进 B 咽喉出 A 咽喉出 |
| A 咽喉进 B 咽喉出 A 咽喉出+B 咽喉进 A 咽喉出 B 咽喉出 | B 咽喉进 B 咽喉出 A 咽喉出+A 咽喉进 A 咽喉出 B 咽喉出 |
| A 咽喉进 B 咽喉出 A 咽喉出+B 咽喉进 B 咽喉出 A 咽喉出 | B 咽喉进 B 咽喉出 A 咽喉出+A 咽喉进 B 咽喉出 A 咽喉出 |

### 2.2.1　参数查定及初始化过程

（1）根据设定的咽喉区域网络参数，查定距离参数和时间参数，计算每个咽喉时间占用参数，利用公式（2-1）计算咽喉区域边的容量 $c_{ij}$ 值，设定咽喉区域边的流量初始值 $f_{ij}=0$，形成表 2-2 内容的数据集。

（2）根据设定的到发线区域网络参数，查定 6 类动车组列车的时间参数并计算出到发线时间占用，形成表 2-3 内容的数据集。利用公式（2-2）选取计算基准，利用公式（2-3）计算单条到发线接收列车数最大能力 $c_{AB}$ 值，再针对到发线设定 $c_{[i]}=c_{AB}$，流量初始值 $f_{[i]}=0$，其中 $i=1$，…，$m$。

（3）设定流进到发线进路的流量调整量为 $l_c$，流出到发线进路的流量调整量为 $l_g$。如果流进到发线进路与流出到发线进路出现交叉进路，设定 $l_p$ 为交叉进路中所有共用咽喉的最小剩余能力。再设定流进到发线进路与流出到发线进路的最终调整量为 $l_q$。

（4）设定通过 $A$ 咽喉流入 $A$ 截面的流量总量为 $Q_A$，其中通过 $A$ 咽喉流出到发线的量为 $Q_{AA}$，通过 $B$ 咽喉流出到发线的量为 $Q_{AB}$；设定通过 $B$ 咽喉流入 $B$ 截面的流量总量为 $Q_B$，其中通过 $A$ 咽喉流出到发线的量为 $Q_{BA}$，通过 $B$ 咽喉流出到发线的量为 $Q_{BB}$。通过 $A$ 咽喉流入 $A$ 截面但无法流出的量为 $Q_{AD}$，通过 $B$ 咽喉流入 $B$ 截面但无法流出的量为 $Q_{BD}$。

### 2.2.2　流预推算法过程

尽管行车中涉及进路之间交叉以及敌对进路等现象，但在能力计算上均体现为“能力消耗”，另外，流预推时流入到发线的流同时又从同一个咽喉区流出，会出现“能力对冲”问题，所以算法中需要建立 “能力消耗”以及“能力对冲”相对应的推算公式。鉴于表 2-4 每种状态的流预推过程相同，本文以“*A* 咽喉优先进到发线”的“*A* 咽喉进 *A* 咽喉出 *B* 咽喉出+*B* 咽喉进 *A* 咽喉出 *B* 咽喉出”为例说明流预推算法过程。

**算法 2.2　“*A* 咽喉进 *A* 咽喉出 *B* 咽喉出”流预推算法**

（1）如果 $A$ 咽喉存在还没有被选定过的进站方向点 $x_i$，选定该点作为进站进路起点，否则转到“*B* 咽喉进 *A* 咽喉出 *B* 咽喉出”的子过程。

（2）如果存在 $c_{[i]}-f_{[i]}>0$ 的到发线，选定 $A_i$ 作为进站进路终点，否则转到第（1）步。

（3）按照行车进路规则，推断 $x_i$ 和 $A_i$ 之间的进站进路，如果不存在进路，转到第（2）步。

（4）根据第（3）步推断的进站进路，针对该进路中所有边选择 $l_c=\min\{\cdots, c_{ij}-f_{ij}, \cdots\}$。如果 $l_c=0$，转到第（2）步，否则使 $l_q=\min\{l_c, c_{[i]}-f_{[i]}\}$。

（5）如果 A 咽喉存在还没有被选定过的出站方向点 $x_i$，选定该点作为出站进路终点，否则转到第（11）步。

（6）按照行车进路规则，推断 $A_i$ 和 $x_i$ 之间的出站进路，如果不存在进路，转到第（5）步。

（7）根据第（6）步推断的出站进路，针对该进路中所有边选择 $l_g=\min\{\cdots, c_{ij}-f_{ij}, \cdots\}$，如果 $l_g=0$，转到第（5）步。

（8）根据第（3）步推断的进站进路和第（6）步推断的出站进路，判定两个进路是否为交叉进路。如果不是交叉进路，使 $l_q=\min\{l_q, l_g\}$；如果是交叉进路，针对两条进路中所有的共用咽喉选取最小的剩余能力 $l_p=\min\{\cdots, c_{ij}-f_{ij}, \cdots\}$，使 $l_q=\min\{l_q, \mathrm{INT}(l_p/2)\}$。

（9）针对进站进路、出站进路中所有咽喉以及第 $i$ 个到发线进行流量调整，即所有咽喉流量调整为 $f_{ij}=f_{ij}+l_q$ 和第 $i$ 个到发线流量调整为 $f_{[i]}=f_{[i]}+l_q$。通过 $A$ 咽喉流入 $A$ 截面流量总量 $Q_A=Q_A+l_q$，其中通过 $A$ 咽喉流出到发线的量 $Q_{AA}=Q_{AA}+l_q$。

（10）如果存在 $l_c-l_q>0$，转到第（5）步，否则转到第（1）步。

（11）如果 $B$ 咽喉存在还没有被选定过的出站方向点 $y_i$，选定该点作为出站进路终点，否则转到第（1）步。

（12）按照行车进路生成规则，推断 $A_i$ 和 $y_i$ 之间的出站进路，如果不存在进路转到第（11）步。

（13）根据第（12）步推断的出站进路，针对该进路中所有边选择 $l_g=\min\{\cdots, c_{ij}-f_{ij}, \cdots\}$，如果 $l_g=0$，转到第（11）步，否则使 $l_q=\min\{l_q, l_g\}$。

（14）针对进站进路、出站进路中所有咽喉以及第 $i$ 个到发线进行流量调整，即所有咽喉流量调整为 $f_{ij}=f_{ij}+l_q$ 和第 $i$ 个到发线流量调整为 $f_{[i]}=f_{[i]}+l_q$。通过 $A$ 咽喉流入 $A$ 截面流量总量 $Q_A=Q_A+l_q$，其中通过 $B$ 咽喉流出到发线的量 $Q_{AB}=Q_{AB}+l_q$。

（15）如果仍然存在 $l_c-l_q>0$，转到第（11）步，否则转到第（1）步。

**算法 2.3　“B 咽喉进 A 咽喉出 B 咽喉出”流预推算法**

该过程和上一过程思路相同，不再赘述。最后同样得出通过 $B$ 咽喉流入 $B$ 截面流量总量 $Q_B$，其中通过 $A$ 咽喉流出到发线的量 $Q_{BA}$，通过 $B$ 咽喉流出到发线的量 $Q_{BB}$。

## 2.2.3 能力核算过程

1. 剩余进站能力

这里所谓剩余进站能力，即通过上一过程推算后，存在通过进站进路可以流入到发线但无法流出的能力。推断进路以及确定进路流量的思路和上一过程相同，差别是不再寻找出站进路，最后可以得出通过 $A$ 咽喉只能流入 $A$ 截面的量 $Q_{AD}$，通过 $B$ 咽喉只能流入 $B$ 截面的量 $Q_{BD}$。

2. 能力核算过程

为了形象说明以上过程的结果，以图 2-4 的形式列出流进出的分布状态。

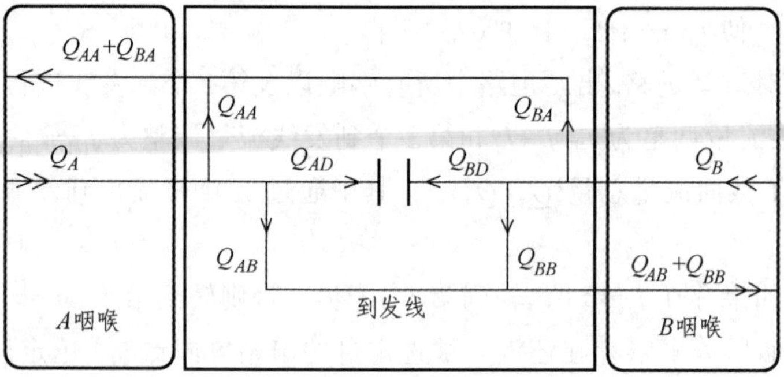


图 2-4　流进出的分布状态

根据流预推结果以及图 2-4 所示，可以得出咽喉以及高速铁路枢纽站的理论通过能力。仍然“$A$ 咽喉进 $A$ 咽喉出 $B$ 咽喉出+$B$ 咽喉进 $A$ 咽喉出 $B$ 咽喉出”为例，通过表 2-5 的方式列出。

表 2-5　咽喉和车站理论通过能力列表

| $A$ 咽喉进 $A$ 咽喉出 $B$ 咽喉出 | | | | $B$ 咽喉进 $A$ 咽喉出 $B$ 咽喉出 | | | |
|---|---|---|---|---|---|---|---|
| $A$ 咽喉进最大列车数 | 通过 $A$ 咽喉出列车数 | 通过 $B$ 咽喉出列车数 | $A$ 咽喉只能进列车数 | $B$ 咽喉进最大列车数 | 通过 $A$ 咽喉出列车数 | 通过 $B$ 咽喉出列车数 | $B$ 咽喉只能进列车数 |
| $Q_A$ | $Q_{AA}$ | $Q_{AB}$ | $Q_{AD}$ | $Q_B$ | $Q_{BA}$ | $Q_{BB}$ | $Q_{BD}$ |
| $A$ 咽喉进站能力（列） | | $Q_A$ | | $B$ 咽喉进站能力（列） | | $Q_B$ | |
| $A$ 咽喉出站能力（列） | | $Q_{AA}+Q_{BA}$ | | $B$ 咽喉出站能力（列） | | $Q_{AB}+Q_{BB}$ | |
| $A$ 咽喉通过能力 $C_A$（列） | | $Q_A-Q_{AD}+Q_{AA}+Q_{BA}$ | | $B$ 咽喉通过能力 $C_B$（列） | | $Q_B-Q_{BD}+Q_{AB}+Q_{BB}$ | |
| 车站通过能力 $Q$（$C$）=（$Q_A-Q_{AD}$）+（$Q_B-Q_{BD}$）$=Q_{AA}+Q_{AB}+Q_{BA}+Q_{BB}$（对） | | | | | | | |

尽管上一过程有关系式 $Q_A=Q_{AA}+Q_{AB}$ 以及 $Q_B=Q_{BA}+Q_{BB}$，但并不意味着进入流必须按照这两个关系式进行流出分布，这两个关系式是为了满足“有进才有出，有出必有进”的行车原则进行流入流出推算而生成的，也是网络图流预推不考虑流分布状态下确定网络能力的体现。

值得说明的是，基于表 2-5 的结果，可以针对表 2-3 归类的 6 类动车组列车进行能力组合。即基于构建的公式（2-6），6 类动车组列车进行能力组合时满足公式（2-7）的 $Q_{\mathrm{I}1}+Q_{\mathrm{I}2}+Q_{\mathrm{II}1}+Q_{\mathrm{II}2}+Q_{\mathrm{III}1}+Q_{\mathrm{III}2}=Q(C)$ 即可。

## 2.3 高速铁路车站多态通过能力推算系统主体功能及流程

目前针对高速铁路车站通过能力的研究大多集中在理论层面，或者利用仿真进行模拟，还没有形成可供现场使用的实用性高速铁路车站通过能力推算系统。

鉴于研究内容、人工计算量大以及计算过程复杂等原因，根据高速铁路枢纽站站场布局将站场图抽象为站场网络图，再依据动车组列车车流特点形成多品种流网络，通过构建生成进路数据集算法、咽喉能力计算公式及流预推算法，开发了网络流预推模式的《高速铁路车站多态通过能力推算系统》，用以计算推算数据并验证研究思路和方法的可行性。《高速铁路车站多态通过能力推算系统》的行车参数设定、主体功能及流程分别如图 2-5、2-6 所示。

行车标准

| 行车标准名称 | 行车标准 |
|---|---|
| 进出站车速 | 40 |
| 到发线停车间隔 | 8 |
| 图定时间 | 18 |
| 区间行车其它时间间隔 | |
| 列车进出站排进路提前时间 | 5 |
| 列车区间行车间隔 | 5 |
| 到发线其它时间间隔 | |

列车运转模式类别及到发线标准停留时间

| 列车运转模式 | 到发线标准停留时间 | 到发线核算基点 |
|---|---|---|
| 中转非折返动车 | 5 | 否 |
| 中转折返动车 | 20 | 否 |
| 回动车所非折返终到动车 | 18 | 否 |
| 到发线过夜车 | | 否 |
| 出动车所折返始发动车 | 20 | 否 |
| 出动车所非折返始发动车 | 20 | 是 |
| 回动车所折返终到动车 | 18 | 否 |

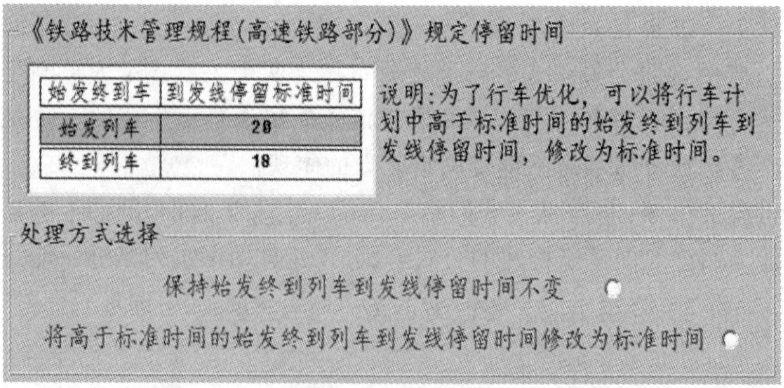


图 2-5　相关参数设定

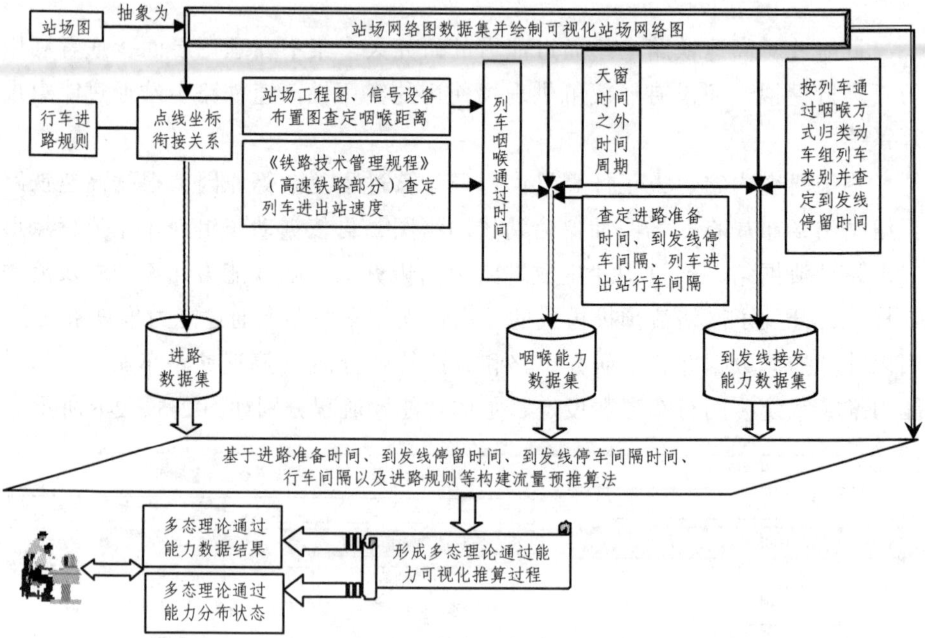


图 2-6　系统主体功能及流程

# 第3章　施工条件下高速铁路车站作业方案与列车到发计划协同优化

车站改造施工与运输组织的协同包含两方面内容，一是施工方案与车站工作计划的协同，二是施工条件下运输组织的协同，即车站作业方案与列车到发计划的协同。本章对施工条件下的运输组织协同开展研究，在介绍协同优化方法的基础上，分析施工条件下枢纽站作业方案与列车到发计划协同机理，建立基于施工阶段转移的施工条件下高速铁路车站作业方案与列车到发计划协同优化的混合整数规划模型，并针对模型设计了求解算法。

## 3.1　协同优化方法描述

根据协同理论的微观方法，一个含有 $n$ 个状态变量的系统或其子系统可表示为

$$x = G(x_1(t), x_2(t), \cdots, x_i(t), \cdots, x_n(t)) \tag{3-1}$$

其中，$x_i(t)(i=1,2,\cdots,n)$ 为状态产量，$t(t=1,2,\cdots,k)$ 为时间变量。系统或其子系统的演化方程可用式（3-2）表示。

$$\frac{\mathrm{d}x_i}{\mathrm{d}t} = k_i(x) + \xi_i(t) \tag{3-2}$$

其中，$k_i(x) = k_i(x_1, x_2, \cdots, x_n)$ 为各状态参量的非线性函数；$\xi_i(t)$ 为系统随机涨落。忽略随机涨落项，则式（3-2）可表示为

$$\frac{\mathrm{d}x_i}{dt} = \sum_{k=1}^{n} a_{ik} x_k + f_i(t) \tag{3-3}$$

其中，$f_i(x) = f_i(x_1, x_2, \cdots, x_n)$ 为非线性函数。令 $r_i = a_{ii}$，$g_i = \sum\limits_{k=1, k\neq i}^{n} a_{ik} x_k + f_i(x_1, x_2, \cdots, x_n)$，式（3-3）可表示为

$$\begin{cases} \dfrac{\mathrm{d}x_1}{\mathrm{d}t} = \gamma_1 x_1 + g_1(x_1, x_2, \cdots, x_n) \\ \dfrac{\mathrm{d}x_2}{\mathrm{d}t} = \gamma_2 x_2 + g_2(x_1, x_2, \cdots, x_n) \\ \vdots \\ \dfrac{\mathrm{d}x_{n-1}}{\mathrm{d}t} = \gamma_{n-1} x_{n-1} + g_{n-1}(x_1, x_2, \cdots, x_n) \\ \dfrac{\mathrm{d}x_n}{\mathrm{d}t} = \gamma_n x_n + g_n(x_1, x_2, \cdots, x_n) \end{cases} \tag{3-4}$$

其中，$\gamma_i$ 表示阻尼系数，其值越大，表示状态参数 $x_i$ 的变化越快，可称为系统的快变量；反之则为慢变量，即序参量。因此，可以通过阻尼系数 $\gamma_i$ 的大小来判断系统的序参量。

假设前 $m$ 个状态参量为系统或其子系统的序参量，其余 $n-m$ 个状态参量为系统或其子系统的快变量，根据协同理论的伺服原理及绝热散去原理，令快变量的倒数为 0，则快变量可完全由序参量表示，有公式（3-5）。

$$\begin{cases} x_{m+1} = h_{m+1}(x_1, x_2, \cdots, x_m) \\ \vdots \\ x_n = h_n(x_1, x_2, \cdots, x_m) \end{cases} \tag{3-5}$$

将式（3-5）代入式（3-4）得到公式（3-6）。

$$\begin{cases} \dfrac{\mathrm{d}x_1}{\mathrm{d}t} = \gamma_1 x_1 + g_1(x_1, x_2, \cdots, x_m, h_{m+1}(x_1, x_2, \cdots, x_n), \cdots, h_n(x_1, x_2, \cdots, x_n)) \\ \dfrac{\mathrm{d}x_2}{\mathrm{d}t} = \gamma_2 x_2 + g_2(x_1, x_2, \cdots, x_m, h_{m+1}(x_1, x_2, \cdots, x_n), \cdots, h_n(x_1, x_2, \cdots, x_n)) \\ \vdots \\ \dfrac{\mathrm{d}x_m}{\mathrm{d}t} = \gamma_m x_m + g_m(x_1, x_2, \cdots, x_m, h_{m+1}(x_1, x_2, \cdots, x_n), \cdots, h_n(x_1, x_2, \cdots, x_n)) \end{cases} \tag{3-6}$$

从（3-6）式可知，系统或其子系统的演化方程可完全用 $m$ 个序参量支配着系统的演化过程及结果。考虑系统或其子系统内部各状态参量之间的协同和竞争作用，状态参量 $x_i(t)$ 演化方程可得到公式（3-7）。

$$\frac{\mathrm{d}x_i(t)}{\mathrm{d}t} = a_{ii} x_i(t) + b_i x_i^2(t) + \sum_{j \neq 1} a_{ii} x_j(t) + \lambda_i + \xi_i(t) \tag{3-7}$$

其中，$a_{ii} x_i$ 表示自身发展项，$a_{ii}$ 为发展系数，$b_i x_i^2(t)$ 表示抑制项，$b_{ii}$ 为抑制

系数，是自身抑制及与其他状态参量竞争综合作用的结果；$a_{ii}x_j(t)$ 为协同项，表示状态参量 $x_j$ 对状态参量的协同作用，$a_{ij}$ 为协同系数；$\lambda_i$ 表示状态参量 $x_i$ 的平均变化率，可用常数表示；$\xi_i(t)$ 表示系统随机涨落。

协同优化可以降低问题求解的规模，减少编程和调试的工作量，适合于分布式并行计算，并有利于根据子问题的特点选择合适的求解技术。协同优化有两种含义，第一种含义是一种多级优化方法，即多学科设计优化方法，其基本思想是每个子空间在设计优化时可暂时不考虑其他子空间的影响，只需满足本子系统的约束。它的优化目标是使该子系统设计优化方案与系统级优化提供的目标方案差异最小。各个子系统设计优化结果的不一致性通过系统级优化来协调，经过系统级优化和子系统优化之间的多次迭代，最终找到一个一致性的最优设计。这种算法的优点是消除了复杂的系统分析，各个子系统能并行地进行分析和优化。在这方面的研究主要侧重在系统模型的协同优化设计上。通常协同优化模型可分为层次关联模型和非层次关联模型两大类，层次关联模型的特点是模型之间的耦合关系只存在于上下层模型之间，非层次关联模型的特点是子模型之间没有等级关系。非层次关联模型的求解方法是目前协同优化研究领域的热点。如李响等针对现有协同优化算法中系统级协调算法计算量大且易发散等缺点，分析了协同优化系统级协调算法的几何意义，提出了子问题间不一致等信息，并在此基础上构建了一种新的系统级协调算法：动态松弛算法。

协同优化方法的第二种含义是指把一个复杂的问题分解为若干个相对简单的子问题，然后再借鉴自然界中不同生物种群之间相互作用、相互适应、协同进化的过程，对多个子群体分别进行进化操作，子群体之间定期进行信息的交互，通过合作或竞争等关系，共同完成对优化问题的求解。协同优化方法在此方面的含义主要体现在协同进化方法上。早在 1978 年，霍兰就在他的论文中初步提出了子群体的概念，在他为规则学习所设计的分类系统的进化算法中，运用了代表相互作用的规则的子群体，子群体中个体的适应度值与它相互作用的其他规则共同决定。此处已经体现了协同进化的思想。到 1985 年，格罗索在他所提出的孤岛模型中也提到了相似子群体的概念，只是在他所提出的概念模型中，个体会从一个子群体迁移到另外一个子群体中，这样会导致遗传信息的混合。在 20 世纪 90 年代初，哈兹本提出了子群体之间的相互合作与竞争的概念，同时希尔斯提出了宿主与寄主共同进化的计算模型。以上所提到的模型仅仅是零散地体现了协同优化的一些思想。1997 年，罗森等将竞争式协同进化应用于游戏学习问题，用“捕食者—猎物”分别表示游戏的双方，在共享采样机制下，个体与从对手种群中采样的个体竞争，获胜即可获得适应度值的“奖励”，而个体每次获胜得到的奖励，是种群中同样可以击败该采样“对手”的个体个数的函数，个体适应度值是这些奖励值的累加。

国内在这方面的研究主要有以下方面。张运凯等提出了协同进化遗传算法。协同进化遗传算法是解决高维多目标等复杂结构问题的高性能多种群进化算法，其基本思想是首先将待优化复杂系统变量分组，转换为多个少变量系统优化问题，然后对多个少变量系统分别编码，形成多个独立的子种群，各子种群独立进化。因为单个子种群的个体仅代表复杂系统的一个部分，故个体进行适应度评估时必须用到其他子种群的个体信息，称为代表个体，即待优化系统的完整解集由每个子种群中的代表个体组成，各子种群只有相互合作才能完成优化任务。通常选择当前代种群最优个体为代表个体。李爱国等提出了一种多粒子群协同优化方法，该多粒子群协同优化方法是两层结构，底层用多个粒子群相互独立地搜索解空间以扩大搜索范围，上层用一个粒子群追逐当前全局最优解以加快算法收敛，这些粒子群含的粒子数以及粒子状态更新策略不要求相同。为改善粒子群容易陷入局部极小的弱点，再加入扰动策略，当一个粒子群的当前全局最优解未更新时间大于扰动因子时，重置粒子的速度，迫使粒子群摆脱局部极小。毛恒等也提出一种协同进化粒子群算法，该方法采用两个不同的分群：其中分群一的粒子采用标准粒子群算法进行搜索寻优，分群二的粒子采用差异进化算法进行搜索寻优。在搜索过程中，如果标准粒子群算法的适应度变化率低于一个阈值，则按照黄金分割率用分群二中的若干优势粒子取代分群一中的劣势粒子。

## 3.2 施工条件下车站作业方案与列车到发计划协同机理分析

高速铁路列车时刻表与车站径路计划除了自身具有多因素决策属性之外，二者作为高速铁路行车组织系统的重要技术组成也具有十分复杂的耦合关联性。要想实现施工组织影响下列车运行计划整体性能的提升，明确时刻表与径路计划间作用关系的同时需要系统性阐明施工组织对于行车组织系统的影响机理。由于现有研究在这一方面的不足，要想厘清施工影响行车组织系统的机理，需要一套理论的支撑。协同学作为研究系统论的主要方法，其研究主体视作由各子系统构成的系统，各组成部分以系统整体性最优为目标进行有机结合，在系统运行过程中，相互间以物质、能量或信息交换等形式发生相互作用，在外部条件影响下系统会经历状态演变，并最终实现动态平衡，这与本文研究内容较为契合。考虑到协同学在铁路行车组织系统中的适用性以及既有研究基础，因而引入协同学进行分析，为后续研究提供理论支持。

### 3.2.1 基于协同的高速铁路行车组织系统分析

对于列车时刻表与车站径路计划之间作用关系的进一步研究是在分析高速铁路行车组织系统属性及运行机理的基础上，按照系统论相关理念，以高速铁路行车组织系统合理资源消耗为优化目标，通过有序性组织与协调性资源调配，最大程度发挥高速铁路行车组织系统性的优势。基于协同学指导下的行车组织协同优化思想，以协同学在分析复杂系统时的核心理念为主框架，即对系统在自组织性、有无序状态更替性以及参量差异性的影响下的役使作用过程进行分析，并且充分结合高速铁路行车组织系统的固有属性，综合之下形成了较为完善的高速铁路行车组织系统协同优化理论的基本原理和概念。

1. 自组织性

自组织性是形成系统自组织结构的内部驱动力，因而成为协同学的核心思想。高速铁路行车组织系统以人、固定设备、内外环境以及管理约束等因素共同构成若干子系统，人作为该系统中的主体，将各子系统以完成运输服务为目标进行网络化串行结合。列车流的时空变化作为系统运行的主要表现形式，其在合理的规则约束下，结合各子系统的相互役使作用，实现以人的意志作为主体的转移，最终形成排队论形式的组织结构即为列车流的自组织，该结构的有序与否能够直接反映当前系统的运作状态。

2. 有无序状态更替性

开放性的高速铁路行车组织系统无时无刻不在与外界的控制参量进行物质与信息上的交互。这种交互过程作为系统持续性运行的驱动力，对于外界各种因素的扰动十分敏感，能够影响到系统内列车的运行状态，使之偏离既定的时空轨迹，趋近于非平衡的无序状态，随后在自组织过程的调整下逐渐恢复平衡的有序状态。高速铁路行车组织系统的运行过程即是处于短时有序与无序的更迭过程，并不存在恒久意义上的平衡与非平衡。

3. 参量差异性

当系统在外界控制参量的作用下处于状态更迭的边缘时，系统中的快变量与序参量对于这一转变过程的作用效果具有显著的差异性。依据既有研究，高速铁路行车组织系统中的快变量包括列车作业计划参量、固定设备属性参量、动车组维修状态参量等，这类参量在系统状态更迭的临界过程中对系统的作用效果衰减较快。

与此同时系统内存在着另外一种参量即序参量，它们在系统状态更迭的临界过程中作用效果十分明显，其本身的状态能够反映系统当前的状态。本文所研究的列车时刻表与车站径路计划即为高速铁路行车组织系统内的序参量。对高速铁路行车组织系统而言，运营管理部门编制列车运行计划的过程中涉及的客观规则的制订、客运需求量的浮动以及外界控制参量的改变等因素都会控制着序参量的表现形式以及具体取值，使其一直处于动态演进的过程中。

### 3.2.2 施工影响下行车组织系统相变循环过程分析

控制参量的介入推动行车组织系统由临界的紧张相向饱和相改变，即发生系统相变后，系统的功能性难以满足当前的运输要求，处于一种动态非平衡无序状态，此时会触发系统的自组织动态调整过程。

当施工组织作为控制参量介入行车组织系统中时，运行计划作为系统中的序参量，在动态平衡的打破与恢复过程中起到主导性作用，而快变量的作用效果随变化快速衰减，因而要想尽快实现系统平衡，就需要尽快对运行计划作出适当调整。

施工组织的介入首先改变了原有的列车运行计划。列车运行计划编制过程中最终生成的列车时刻表明确了各车次在途经车站的关键作业时间节点，车站径路计划是为既定列车时刻表中列车在时间约束条件下安排可行的使用径路，二者共同对列车流的自组织过程起到制约与推进的作用。反过来列车流在当前运行计划下的运行状态也会体现当前运输计划的良莠，即当前序参量的状态值能够反映系统运行的平衡与否，进而对运输计划作出调整，实现列车流的自组织调整。同时列车时刻表与车站径路计划之间存在相互反馈的作用关系。也就是说列车时刻表限制了列车站内的运行时间节点，车站径路计划限制了车站资源的开闭时刻，当且仅当在列车时刻表规定的作业时间节点条件下，车站当前空闲资源所组成的站内径路能够满足列车的作业需要，此时整体的列车运行计划才是有序的、协调的。因此，确定的列车时刻表是车站径路计划编制的基础，反过来列车径路计划会将实际操作效果进行反馈，实现二者之间的动态调整。

经过自组织调整过程，阶段内系统状态逐渐转变为适应相，列车运行系统的功能性重新与当前运输要求适配，系统再次恢复动态平衡有序的状态，此时当前阶段内系统状态下运行计划效益指标达到了最优。至此，阶段内施工组织的介入所引起的一系列组织相变与调整过程结束，直至下一个阶段控制参量的改变打破平衡。该过程可概括为施工影响下行车组织系统相变循环过程图，如图 3-1 所示。

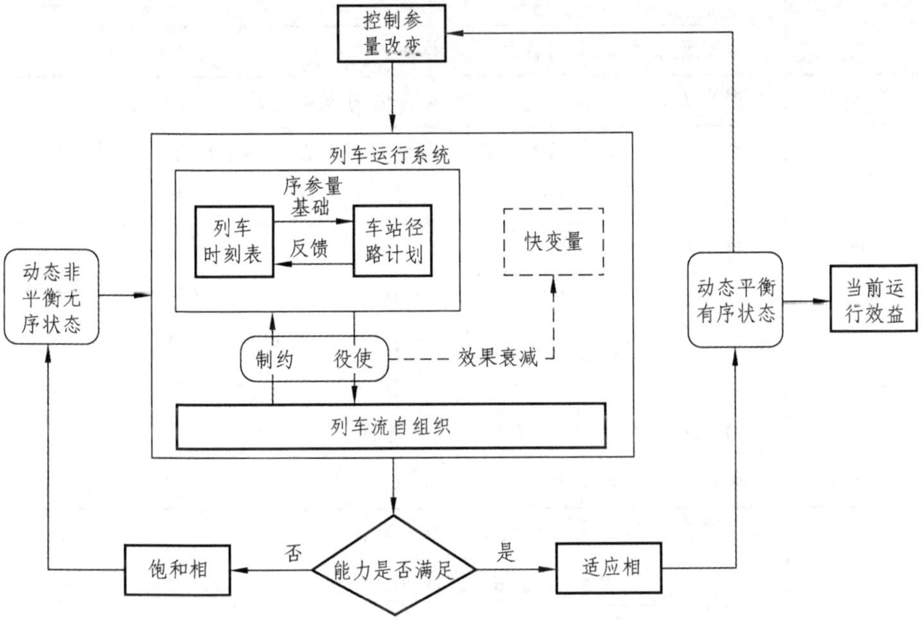


图 3-1　施工影响下行车组织系统相变循环过程

## 3.3　协同优化模型与算法

本章在分析系统效益值的基础上，结合生产实际要求及安全约束条件，以施工条件下的咽喉及到发线占用广义费用子矩阵为出发点，建立施工阶段内车站运行优化子模型；以施工条件下的区间占用广义费用为出发点，建立施工阶段内区间运行优化子模型。在此基础上采用多目标规划法，以车站、区间运行综合代价值最低为目标，以施工总工期为研究时域，以施工子阶段为研究步长，建立基于施工阶段转移的新线引入条件下高速铁路列车时刻表与车站径路计划协同优化模型，通过设计相应的模拟退火算法对模型进行求解。

### 3.3.1 符号说明

鉴于施工阶段内列车流在车站及区间的运行过程描述较为复杂，所用到的变量及参数较多，因而本节特此对相关符号及其含义进行说明，具体施工阶段列车运行优化模型主要变量及参数如表 3-1 所示。

表 3-1 施工阶段列车运行优化模型主要变量及参数

| 变量 | 含义 |
| --- | --- |
| $N_{\text{train}}$ | 途经施工影响范围内的列车总数 |
| $N_s^k$ | 列车 $k$ 在施工影响范围内依次占用的车站的总数 |
| $T_p^{(k,j)}$ | 到发线占用时间函数，$\overline{T_p^{(k,j)}}$ 表示列车 $k$ 在车站 $j$ 内开始占用到发线 $p$ 的时刻，$\underline{T_p^{(k,j)}}$ 表示列车 $k$ 在车站 $j$ 内中止占用到发线 $p$ 的时刻 |
| $N_p^j$ | 到发线资源数量 |
| $R_j$ | 车站 $j$ 内进路资源集合，$N_{R_j}$ 为集合内元素个数；$RI_j$ 为车站 $j$ 接车进路集合，$N_{RI_j}$ 为集合内元素个数；$RO_j$ 为车站 $j$ 发车进路集合，$N_{RO_j}$ 为集合内元素个数；$r$ 为进路，$P(r)$ 为进路 $r$ 连接到发线映射函数，$P(r)=p$ 表示 $r$ 的到发线端连接的是 $p$ |
| $F(r)$ | 车站冲突进路集合 |
| $x_p^{(k,j)}$ | 描述车站到发线占用情况的 0-1 变量<br>$x_p^{(k,j)}=\begin{cases}1, \text{列车 } k \text{ 占用 } j \text{ 站到发线 } p\\0, \text{else}\end{cases}$ |
| $x_m^{(k,j)}$ | 描述车站咽喉区道岔组占用情况的 0-1 变量<br>$x_m^{(k,j)}=\begin{cases}1, \text{列车 } k \text{ 占用 } j \text{ 站道岔组 } m\\0, \text{else}\end{cases}$ |
| $T_r^{(k,j)}$ | 进路占用时间函数，$\overline{T_r^{(k,j)}}$ 为列车 $k$ 在车站 $j$ 开始占用进路 $r$ 的时刻，$\underline{T_r^{(k,j)}}$ 为列车 $k$ 在车站 $j$ 终止占用进路 $r$ 的时刻 |
| $N_M^j$ | 咽喉区道岔组资源数目 |
| $N_p^j$ | 到发线资源数量 |

续表

| 变量 | 含义 |
| --- | --- |
| $s^k$ | 列车 $k$ 在受施工影响的运行区段上所途经的车站集合序列，$\{s_j^k\}=s_1^k,s_2^k,s_3^k,\cdots,s_{N_s^k}^k$，其中 $s_1^k$ 为列车 $k$ 途经的受施工影响的范围内的第一个车站，$s_{N_s^k}^k$ 为列车 $k$ 途经的受施工影响的范围内的最后一个车站 |
| $N_j^{train}$ | 车站 $j$ 作业列车总数 |
| $a_j^k$ | 列车 $k$ 在车站 $j$ 的到达时刻，$a_j^k\in[0,1\,440]$ |
| $d_j^k$ | 列车 $k$ 在车站 $j$ 的出发时刻，$d_j^k\in[0,1\,440]$ |
| $TW$ | $TW$ 表示车站天窗时段函数，其中 $TW_{\text{start}}$ 表示车站天窗开始时刻，$TW_{\text{end}}$ 表示车站天窗结束时刻 |
| $I_{s_j^k}$ | 列车 $k$ 是否在车站 $j$ 停车，$I_{s_j^k}=\begin{cases}1, & 列车k在车站j停车\\0, & 列车k在车站j不停车\end{cases}$ |
| $pre_d(k,j)$ | 列车 $k$ 在车站 $j$ 的相邻出发的前序列车 |
| $pre_a(k,j)$ | 列车 $k$ 在车站 $j$ 的相邻到达的前序列车 |
| $next_d(k,j)$ | 列车 $k$ 在车站 $j$ 的相邻出发的后续列车 |
| $next_a(k,j)$ | 列车 $k$ 在车站 $j$ 的相邻到达的后续列车 |
| 参数 | 含义 |
| $T\max_j^k$ | 列车 $k$ 开始进入车站 $j$ 到终止离开车站的最大时间跨度参数，计算中取 20 min |
| $pr_r^k$ | 列车 $k$ 占用进路走行最小时间，计算中取 4 min |
| $pr_p^k$ | 列车 $k$ 占用到发线走行最小时间，计算中取 5 min |
| $\xi^{(k,k')}$ | 车站间隔时间。依列车在站通过类型的不同分为出发-出发间隔时间 $\xi_{dd}^{(k,k')}$、到达-到达间隔时间 $\xi_{aa}^{(k,k')}$、通过-通过间隔时间 $\xi_{tt}^{(k,k')}$、通过-出发间隔时间 $\xi_{td}^{(k,k')}$、出发-通过间隔时间 $\xi_{dt}^{(k,k')}$、通过-到达间隔时间 $\xi_{ta}^{(k,k')}$、到达-通过间隔时间 $\xi_{at}^{(k,k')}$ |
| $T_q^k$ | 列车 $k$ 的起车附加时分，本书取 2 min |
| $T_t^k$ | 列车 $k$ 的停车附加时分，本书取 3 min |
| $\mu_j^k$ | 列车 $k$ 在车站 $j$ 的最小停站时间，本书取 2 min |

### 3.3.2 模型构建

本节以列车流对车站设备占用的代价值为目标函数，并通过增加车站整体运作层面必要的约束条件，建立施工阶段内车站运行优化子模型，实现施工阶段内列车流在车站内运行效益的整体性描述。

在单一相变循环过程中的自组织过程实现通用的定量化表达的基础上，按照之前基于施工控制参量阶段转移的高速铁路行车组织系统研究理念分析，为了实现新线引入站改施工总工期内列车时刻表与车站径路计划整体的、动态的适配性优化排布的目标，以车站资源利用广义费用最低为目标，以施工总工期为研究时域，以施工各子阶段为研究步长，建立基于施工阶段转移的多目标规划模型，实现系统序参量在多阶段循环过程中的动态描述。考虑到施工阶段间的时间跨度较大，不同阶段间的联系性较弱，因此本书暂不考虑相邻施工阶段间的影响。

施工条件下高速铁路列车时刻表与车站径路计划协同优化模型如下所示。至此，实现了考虑施工控制参量影响的行车组织系统相变循环过程动态描述。

目标函数：

$$Z_s = \sum_{j=1}^{N_s^k} \sum_{k=1}^{N_{\text{train}}} \left( \sum_{p=1}^{N_p^j} C_p^{(k,j)^{\varphi_i}} x_p^{(k,j)} + \sum_{m=1}^{N_M^j} W_m^{(k,j)^{\varphi_i}} x_m^{(k,j)} \right) \tag{3-8}$$

此目标函数指施工阶段内列车流对车站到发线及咽喉区道岔组占用的代价值，$x_m^{(k,j)}$的取值与生成的径路计划相关。

约束条件：

（1）列车在途经车站占用到发线资源唯一性约束。

$$\sum_{p=1}^{N_p^j} x_p^{(k,j)} = 1, p \in P_j \tag{3-9}$$

此约束指列车在途经车站占用且仅占用唯一一条到发线。

（2）车站到发线最小准备间隔时间限制。

$$\underline{T_p^{(k',j)}} - \overline{T_p^{(k,j)}} \geqslant \theta_p \tag{3-10}$$

此约束指不同列车占用同一到发线需要满足车站到发线最小准备间隔时间$\theta_p$的限制，其中$\theta_p$取 4 min。

（3）占用且仅占用唯一一个接车进路。

$$\sum_{r=1}^{N_{RI_j}} x_r^{(k,j)} = 1, r \in RI_j \text{ ，} x_r^{(k,j)} = \begin{cases} 1, \text{列车}k\text{ 占用}j\text{站进路}r \\ 0, \text{else} \end{cases} \tag{3-11}$$

（4）占用且仅占用唯一一个发车进路。

$$\sum_{r=1}^{N_{RO_j}} x_r^{(k,j)} = 1, r \in RO_j \text{，} \quad x_r^{(k,j)} = \begin{cases} 1, \text{列车}k\ \text{占用}j\text{站进路}r \\ 0, \text{ else} \end{cases} \tag{3-12}$$

以上两个约束指列车在途经车站内的走行过程中占用且仅占用唯一一个接车或发车进路。

（5）车站进路最小间隔时间限制。

$$\underline{T_r^{(k',j)}} - \overline{T_{r'}^{(k,j)}} \geqslant I_{(r,r')}, r' \in F(r) \tag{3-13}$$

此约束指不同列车占用同一进路或敌对进路需满足进路最小间隔时间 $I_{(r,r')}$ 限制，其中 $I_{(r,r')}$ 取 5 min。

（6）列车在站走行时间约束。

$$\sum_{r=1}^{N_{R_j}} x_r^{(k,j)} \cdot T_r^{(k,j)} + \sum_{p=1}^{N_p^j} x_p^{(k,j)} \cdot T_p^{(k,j)} \leqslant T\max_j^k \tag{3-14}$$

此约束指列车在站走行时间不大于该运行计划开行列车在站走行最长时间。

$$\sum_{r=1}^{N_{R_j}} x_r^{(k,j)} \cdot T_r^{(k,j)} + \sum_{p=1}^{N_p^j} x_p^{(k,j)} \cdot T_p^{(k,j)} \geqslant \sum_{r=1}^{N_{R_j}} x_r^{(k,j)} \cdot pr_r^k + \sum_{p=1}^{N_p^j} x_p^{(k,j)} \cdot pr_p^k \tag{3-15}$$

此约束指列车在站走行时间不小于列车在站进路走行时间的总和。

（7）进路 $r$ 连接到发线映射关系。

$$P(r) = p \tag{3-16}$$

此约束用于约束到发线端与进路端间的一一对应关系。

（8）计划安排径路总数约束。

$$\sum_{s^k=j} s^k = N_j^{\text{train}} \tag{3-17}$$

此约束指车站为列车安排使用径路的总数等于车站作业列车的总数，防止生成的作业径路数量与车站作业列车数量不匹配。

（9）车站天窗时间约束。

$$\begin{aligned} &\min(d_{s_j^k}^k) \geqslant TW_{\text{start}} \\ &\max(a_{s_{N_s^k}^k}^k) \leqslant TW_{\text{end}} \end{aligned} \tag{3-18}$$

此约束是考虑到新线引入施工不同施工阶段内的天窗设置时段，根据当时施工任务的不同有时并不一致，为了动态描述这一情况而添加的约束。

① 列车区间运行时间约束。

$$a^k_{s^k_{j+1}} - d^k_{s^k_j} \geqslant p^k_{(s^k_j, s^k_{j+1})} + I_{s^k_{s^k_j}} T^k_q + I_{s^k_{s^k_{j+1}}} T^k_t \tag{3-19}$$

此约束指区间运行时间不小于纯运行时间与起停车附加时间的总和。

② 列车停站时间约束。

$$d^k_{s^k_j} - a^k_{s^k_j} \geqslant I_{s^k_{s^k_j}} \mu^k_{s^k_j} \tag{3-20}$$

此约束指列车停站时间不小于最小停站间隔时间。

③满足区间追踪间隔。

$$\min(d^{pre_d(k,s^k_j)}_{s^k_j} - d^k_{s^k_j}, a^{pre_d(k,s^k_j)}_{s^k_{j+1}} - a^k_{s^k_{j+1}}) \geqslant \xi^{(k,pre_d(k,s^k_j))}_{(s^k_j, s^k_{j+1})} \tag{3-21}$$

此约束指列车运行满足区间追踪间隔时间。

以下约束为相邻列车满足不同间隔时间约束。

④ 相邻出发满足出发-出发间隔时间。

$$d^{pre_d(k,j)}_{s^k_j} - d^k_{s^k_j} \geqslant (I_{s^{pre_d(k,j)}_{s^k_j}} \cdot I_{s^k_{s^k_j}}) \cdot \xi^{(pre_d(k,j),k)}_{dd} \tag{3-22}$$

⑤ 相继到达满足到达-到达间隔时间。

$$a^{pre_a(k,j)}_{s^k_j} - a^k_{s^k_j} \geqslant (I_{s^{pre_a(k,j)}_{s^k_j}} \cdot I_{s^k_{s^k_j}}) \cdot \xi^{(pre_a(k,j),k)}_{aa} \tag{3-23}$$

⑥ 相邻通过满足通过-通过间隔时间。

$$d^{pre_d(k,j)}_{s^k_j} - d^k_{s^k_j} \geqslant (1 - I_{s^{pre_d(k,j)}_{s^k_j}}) \cdot (1 - I_{s^k_{s^k_j}}) \cdot \xi^{(pre_a(k,j),k)}_{tt} \tag{3-24}$$

⑦ 满足通过-出发间隔时间。

$$d^{pre_d(k,j)}_{s^k_j} - d^k_{s^k_j} \geqslant (1 - I_{s^{pre_d(k,j)}_{s^k_j}}) \cdot I_{s^k_{s^k_j}} \cdot \xi^{(pre_d(k,j),k)}_{td} \tag{3-25}$$

⑧ 满足出发-通过间隔时间。

$$d^{pre_d(k,j)}_{s^k_j} - d^k_{s^k_j} \geqslant I_{s^{pre_d(k,j)}_{s^k_j}} \cdot (1 - I_{s^k_{s^k_j}}) \cdot \xi^{(pre_d(k,j),k)}_{dt} \tag{3-26}$$

⑨ 满足通过-到达间隔时间。

$$a_{s_j^k}^{pre_a(k,j)} - a_{s_j^k}^k \geqslant (1 - I_{s_{s_j^k}^{pre_a(k,j)}}) \cdot I_{s_{s_j^k}^k} \cdot \xi_{ta}^{(pre_a(k,j),k)} \tag{3-27}$$

⑩ 满足到达-通过间隔时间。

$$a_{s_j^k}^{pre_a(k,j)} - a_{s_j^k}^k \geqslant I_{s_{s_j^k}^{pre_a(k,j)}} \cdot (1 - I_{s_{s_j^k}^k}) \cdot \xi_{ta}^{(pre_a(k,j),k)} \tag{3-28}$$

### 3.3.3 模型求解

本书所研究的课题为典型的 NP-hard 问题，考虑到智能优化启发式算法已被证实是解决大规模组合优化问题的有效方法，本文拟采用智能优化启发式算法来解决这一问题。

智能优化算法主要包括遗传算法、蚁群算法、禁忌搜索算法、粒子群算法、模拟退火算法以及基于以上算法的各种变式及组合算法等。每种算法具有各自的特点，现对这几种主要算法的优缺点进行比较，得到智能优化启发式算法比较表，如表 3-2 所示。

表 3-2 智能优化启发式算法比较

| 算法 | 优点 | 缺点 |
| --- | --- | --- |
| 遗传算法 | 参照遗传原理找寻最优解。具有较好的并行性及全局搜索性；有概率特性的导向随机搜索；对问题的依赖性较小 | 编码及解码较为复杂；计算参数较多；局部搜索能力较弱；算法效率略低于其他传统优化方法，并且容易过早收敛 |
| 蚁群算法 | 参照蚁群分布式协作等原理。研究思路较为简单，并行式搜索；易于与其他方法结合 | 设定和选取参数较为困难，对初始参数较为敏感；求解连续函数过程较为复杂；搜索时间较长易陷入停滞 |
| 禁忌搜索算法 | 参照人类智力过程解决问题。局部搜索能力较强，实现全局迭代寻优；求解思路简单 | 所需确定的参数较多；算法性能依赖于初始解及参数设置；串行式搜索；迭代次数较多 |
| 粒子群算法 | 参照群体智能行为解决问题。计算规则较为简单，实现容易；收敛速度较快；可调参数较少 | 容易陷入局部最优；容易过早收敛；精度较低且容易发散 |
| 模拟退火算法 | 参照固体退火原理解决问题。有概率特性的导向随机搜索；渐进全局收敛性；并行式搜索；计算过程简单 | 单点搜索机制；收敛速度较慢 |

结合表 3-2 中对于不同算法优缺点的比较，虽然模拟退火算法的收敛速度较慢，但是它在算法搜索期间可以以一定概率接受较差解，通过概率性的突跳避免陷入局部最优的同时保持了局部搜索的通用性和简单性，并且通过多次计算实现了求解精确程度的提升，从而能够实现在全局范围内的最优解搜寻。总体而言其计算原理及过程简单、优化结果具有全局最优性且实际运算效率在可接受范围内，因而本文选用模拟退火算法对新线引入条件下高速铁路列车时刻表与车站径路计划的协同优化问题进行求解。

这里利用模拟退火算法，对所研究的课题及建立的模型实现较为有效快速的求解，并在 Matlab 上编程实现，具体部分求解代码详见附录 3，具体算法基础理论及求解流程如下。

1. 算法基础理论

模拟退火算法（Simulated Annealing，简称 SA）最早的思想是由 N.Metropolis 等人于 1953 年提出，S.Kirkpatrick 等成功地将退火思想引入到组合优化领域。它是基于 Monte-Carlo 迭代求解策略的一种随机寻优算法。模拟退火算法以较高初始温度为出发点，随着温度参数的逐渐降低，结合概率突跳特性在解空间中随机寻找目标函数的全局最优解，即在局部最优解能概率性地跳出并最终趋于全局最优。

2. 算法设计

新线引入条件下列车时刻表与车站径路计划协同优化是一个大规模的组合优化问题，求解过程较为复杂。为了解决本文所研究的问题，将模型实现出来的过程作为生成解的过程，结合模拟退火算法特点，本算法共包含 3 个主要部分：

（1）主体算法 main 函数，通过退火算法迭代使得生成解的系统代价值降低。

（2）生成解部分，按模型中的约束条件随机生成列车时刻表及径路占用选择。

（3）求解部分，按照模型目标函数求出生成解对应的系统运行代价值。

在计算过程中，首先需要明确的内容如下：

（1）解的表示形式。

本算法中为了方便后续计算结果的分析，解的表示载体有两个。第一个为微观层面列车到达运行区段内主要节点的时刻、列车在站内选取的到发线及道岔组编号。另外一个为宏观层面的解，为带有广义费用描述的列车路径占用累计时间，即路径代价值。这两种层面的解根据列车对于区段内设备选用的不同，对应生成于可变维度矩阵。

（2）新解的接受方法。

算法生成新解后判断是否满足列车运行安全约束条件，随后依照新旧解的代价值差异对新解能否替换作出判断，若新解的代价值更高则再以概率条件，即 *random*[0,1] 是否小于 $\exp(-\Delta/T)$ 的随机值的形式接纳新解。

（3）温度降低控制。

本算法定义初始温度 $T=100$，降温方式选择衰减降温方法即 $T=T\cdot\iota$，其中 $\iota$ 表示降温系数。为了对最优解进行充分的检索，本文降温系数 $\iota$ 取 0.9 至 1 之间较好。

（4）内循环次数。

定义内部迭代次数 $iter=100$，各温度下的内循环迭代次数确定，即本算法采用固定的迭代步长，在每个温度下进行相同的迭代次数。

（5）终止温度。

理论上来说，终止算法时的温度 *tempT* 越低越好，最佳状态为 0，实际操作中取 0.001。当温度低于终止温度时，迭代终止。

3. 算法流程及主要步骤

算法基本流程如图 3-2 所示。

算法步骤具体描述为：

Step1　定义列车信息决策变量集 $LC$、系统代价值函数 $fx$、初始解集 $[x]$ 及其他参变量集合。输入广义费用基础数据及各项参数值，初始化系统温度 $T$，定义内部迭代次数 $iter$。

Step2　基于给定列车基本信息在算例范围内随机选择可行路径生成初始解 $x_1$，判断初始解 $x_1$ 是否满足模型安全约束条件，若不可行则重新计算新解。

Step3　若初始解 $x_1$ 可行，则将可行解 $x_1$ 导入系统代价值函数 $fx$，计算得到当前运输方案下对应的代价值 $y_1$。

Step4　返回 Step2 随机生成新解 $x_2$，判断新解 $x_2$ 是否可行。在保证可行解的前提下进入 Step3 生成对应的代价值 $y_2$。

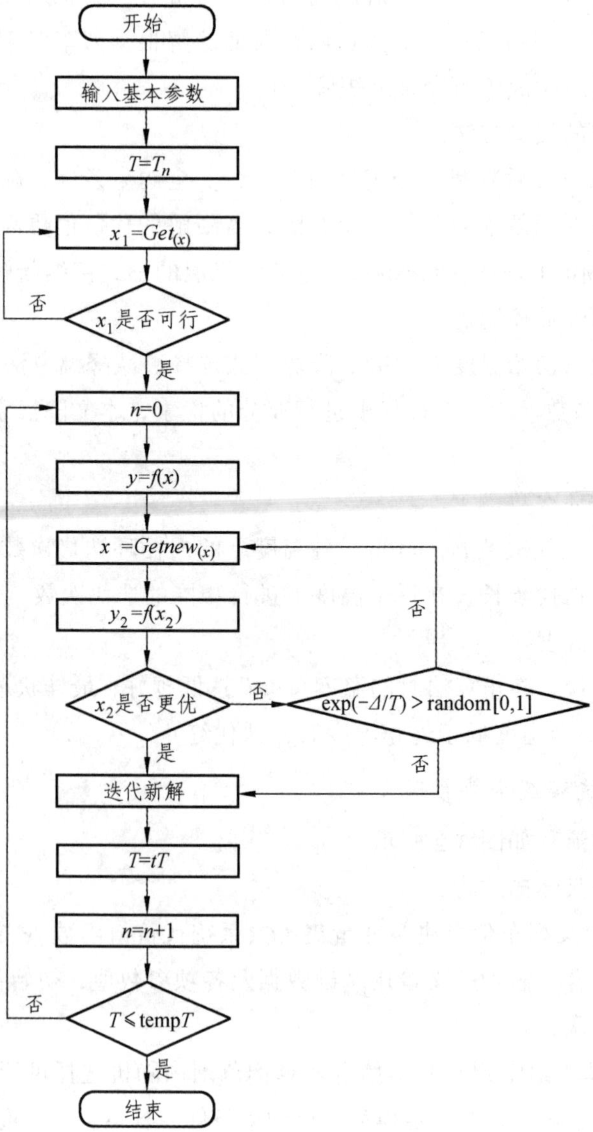


图 3-2　算法基本流程

Step5　依照 Metropolis 准则对新解 $x_2$ 能否替换作出判断，主要判断依据：若新解与当前解的系统代价值函数 $fx$ 的差值 $\Delta E \geqslant 0$ 时，则直接接受新解，即 $x_2$ 代替 $x_1$ 成为新解继续迭代。

Step6　若 $x_1$ 更优，则依照 Boltzmann 概率即 random[0,1] 是否小于 $\exp(-\Delta/T)$ 接纳新解 $x_2$。

Step7　更新系统温度（系统温度 $T = T \cdot \iota(0.9 \leqslant \iota \leqslant 1)$），更新迭代次数，判断 $T \leqslant \text{temp}T$ 是否满足，若满足则算法终止，当前解为全局最优解，输出 $x$ 和 $y$。否则继续新一轮迭代。

# 第 4 章　站改施工与运输组织协同评价与优化

本章的主要内容是分析高速铁路车站站改施工与运输组织之间的协同关系。首先介绍协同的概念，然后对站改施工与运输组织的目标和影响因素进行分析，接着分析站改施工与运输组织协同评价的必要性与可行性，进而研究如何确保站改施工与运输组织协同评价的可行性，最后对站改施工与运输组织协同评价的目标，即想要达到的效果进行讨论。

## 4.1　站改施工与运输组织影响因素分析

### 4.1.1　站改施工影响因素分析

1. 运输组织

首先，施工时间受到运输的制约。为了保证不间断地运输，施工作业并不是在任何时间都能进行的，封锁线路的天窗时间也不是需要多长就能安排多长的。

其次，施工作业受到行车的干扰。已有线站场的工程改造具有很强的特殊性，该部分的站场改造需要在运营的过程中进行施工，不能采用封闭运输的方式进行施工。在进行站场改造的过程中，如果需要对这一部分的线路进行封闭施工的话就必须设计好接发车的线路，选择其他的线路进行运输，同时施工人员又必须随时注意列车通过时的施工安全。这些都极其影响施工效率。

2. 施工组织管理

施工组织不合理，劳动力、施工机械调配不当，施工平面布置不合理等都将影响施工计划的顺利执行。

站场改造施工是一项复杂的系统工程，其施工进度的影响因素较多，如何组织协调这些因素是工程能否顺利完成的关键。物资供应、人员保障、运力支持、自然环境等等，任何一项因素出现问题，都会直接导致整个工程的滞后。

3. 物资供应

在站场改造施工期间，供应物资种类繁多，比如钢轨、道岔、枕木、道砟、水泥、木材等等，而且供应量巨大，这就增加了物资供应工作的复杂性和艰巨性，同时也使得物资供应工作的工作质量直接影响施工的进度。施工过程中物资的供应管理要严格按照工程建设部门事先指定的办法执行，各单位要严禁使用不合格产品，监理单位要加大物资材料的质量监督力度，参与物资材料的检验，严把材料使用的质量关。在严把质量关的同时，物资供应部门要制订针对物资供应短时间内加大的应急方案，以应对工期出现变动或其他特殊情况的发生。

4. 人员保障

任何一项工程的施工，都要有一定数量的施工人员来保证施工的顺利进行，站场改造工程的施工更是如此。尤其是在单位时间内工作量要做调整的时候，施工人员数量如何得到保障就成了控制工程施工进度的关键因素。

5. 相关单位配合

工程项目的主要施工单位对施工进度起决定性作用，但是业主、设计单位、运输部门、银行信贷部门、材料设备供应部门，水、电供应部门及政府的有关主管部门等也都可能给施工的某些方面造成困难而影响施工进度。其中设计单位出图不及时或图纸有错误以及有关部门或业主经常变动设计方案是影响施工进度的最大因素。材料和设备不能按期供应，或质量、规格不符合要求，都将使施工中断。资金不能保证也会使施工中断或进度减慢等。

6. 技术失误

施工单位采用技术措施不当，施工中发生技术事故，应用新技术、新材料、新结构缺乏经验，不能保证质量等都会影响施工进度。

7. 自然环境以及可能的意外事故

施工地段的水文地质条件，如地质断层、地下障碍物、软弱地基以及恶劣的气候，如暴雨、高温和洪水等都会对施工进度产生影响，造成临时停工或破坏已完成的工作量。因此，铁路建设单位在进行施工组织设计的时候要充分考虑到环境对施工的影响，做好应对各种环境变化的防范措施，以保证工程能按期按质地完成。施工中如果出现意外的事件，如战争、严重自然灾害、火灾、重大工程事故、工人罢工等也都会影响施工进度。

### 4.1.2 站改施工对运输组织影响分析

1. 不同类型客运站改建对运输组织的影响

通过式客运站的特点是，站内全部旅客列车到发线为贯通式，客运站设有两个咽喉区。这种站型的优点是车站有两个咽喉区，能分别办理接发车作业，减少旅客列车到发线与车底取送和机车出入段之间的交叉干扰，到发线使用灵活，互换性大。

由上述通过式客运站的特点可以看出，客运站改建施工时，如果一端咽喉进行施工，另一端咽喉仍然可以正常接发旅客列车。如果在客运站内设置合理的施工便线，将客运量较大的线路上的列车改于施工便线上运行，则可以将客运站进行改建施工对客运站运输能力造成的影响降低甚至消除。但当对连接机务段和客车整备所一端咽喉进行施工时，会对机车出入机务段和车底取送造成一定干扰，由于线路维修期间，需对期间运行的机车、车列限速，从而增加了各类旅客列车技术作业时间，降低了咽喉通过能力和车站通过能力。

但对于某些大型客运站来说，其连接线路方向多，因此为保证客运站既有旅客运输能力，也就是保证贯通通过式客运站的主要运行线路不能受到太大影响，可能需要修建大量的施工过渡工程，从而增加工程成本。

尽端式客运站中，站内所有旅客列车到发线均为尽端式，站房设在到发线一端，机务段和客车整备所与客运站一般纵列布置。由于尽端式客运站布置图形特殊，只有一个咽喉区，因此施工中，尤其是对咽喉区的施工，会对运输组织造成很大的影响。同时，尽端式客运站在进行咽喉施工时，同样也会出现施工地点和机车出入段、车底取送相冲突的情况。

混合式客运站的特点是一部分线路为贯通式，另一部分线路为尽端式。在使用中，贯通式线路供接发长途旅客列车用，尽端式线路供接发市郊旅客列车用。此类客运站在进行改建施工时，当施工与尽端线路不相通的一端咽喉时，市郊和长途旅客列车均可利用一端咽喉接发。但施工另一端咽喉时，对尽端式线路上的列车影响较大，只能利用另一端咽喉或者修建施工便线，保证市郊列车的接发。

2. 不同运输设施改建对运输组织的影响

根据客运站作业的要求，客运站需设有包括正线、旅客列车到发线等在内的客运线路；用于旅客购票、托取行李以及候车的旅客站房；旅客站台和跨线设备以及站前广场等。根据客运站的分类及其设备种类可以看出，不同类型的客运站，其需要完成的主要业务也是不尽相同的。

按照客运站技术作业的要求，客运线路一般包括正线、旅客列车到发线和客车停留线等，有些客运站还需兼顾一定的货运功能，因此还会设有货物列车到发线、行包装卸线等线路。客运线路施工，如改建站场，在正线上拆移或加铺道岔时，需中断行车；另外，在站场施工中，很多情况下需要设置过渡工程，站场内的线路需暂时改行施工便线，为此而进行拨道工作时，也需要中断行车，在设置防护的条件下施工。以上这些情况下，由于需中断行车，因此会对客运站运输组织工作造成一定的影响。这就要求在编制施工客运站运行图时，要考虑施工的影响，预留合理的施工天窗，为施工创造良好的条件，同时，也要严格按照施工组织计划进行，不拖延工期。另外，在施工期间，要按照相关规定对施工场地进行安全防护，确保运输工作安全。

旅客站房是旅客办理购票、托取行包以及候车的场所，是站前广场与站场相连接的中枢。在客运站上，旅客、行包、交通车等的流动行驶路线通常称为流线。流线按其性质的不同分为旅客流线、行包流线和车辆流线；按其方向的不同又分为进站和出站两大流线。从旅客站房的功能可以看出，在对客运站进行改建施工中，旅客站房的施工会对上述各种流线造成一定的影响，其中，旅客流线受到的影响最大。其原因是施工必须保证旅客的安全，而在站房各流线中，进站和出站旅客流线最为集中。多数旅客的进站流程是到站—购票—进站—安检—候车—检票—乘车。站房施工会造成候车、检票场地受到限制，容易造成旅客流线发生拥堵。因此，站房施工对客运站旅客运输组织，尤其是站内客流组织提出了一定的要求：在施工期间，需要利用未施工的站房场地，有效地组织旅客进、出站流线的流畅，同时应采取措施，尽量避免各种流线在有限的场地内产生交叉干扰。

旅客站台是为了保证旅客上、下车的安全和便利，以及加快旅客的乘降速度而设置的。跨线设备是站房与中间站台间的来往通道，主要有平过道、天桥和地道 3 种形式。

在进行旅客站台和跨线设备施工时，会对其相邻的旅客列车到发线产生影响，即客运站内线路分工会产生变化，因此一方面会要求客运站在运输组织工作中，重新统筹安排到发线分工，一方面须做好站内旅客引导工作，保证旅客顺利乘车。

站前广场是铁路客运站与城市交通的接合部，是客流、车流和行包流集散的地点。在站前广场施工改造时，运输部门应给予足够的重视。这是由于，在站前广场中，较为主要的是公交车流、出租车流和旅客进站流，如果没有将上述车流组织进行优化，在施工期间，一旦发生拥堵，不仅对车站造成影响，同时也会影响到车站周边城市的交通状况。因此，在施工期间，客运站旅客运输部门应该按照各种流线流量对施工以外的场地进行规划，使得各种流线“各行其道”，互不干扰。

### 4.1.3 运输组织影响因素分析

高速铁路如果采用不同速度列车共线运行的运输组织模式时，为了讨论方便，一般将速度较高的旅客列车称为 A 类列车，将速度较低的旅客列车称为 B 类列车。高速铁路由于其在列车运行组织等方面与一般的常规铁路有着明显的不同，因而在通过能力的计算上有着自身的特点：

（1）若以客运站为客流的主要始发和终到站，并将客流主要始发站与终到站之间的铁路区段定义为客流区段，则旅客列车通常应以客流区段为单位制订开行方案，亦即在高速铁路上通常只开行客运站间的旅客列车。因而，高速铁路通过能力应以客流区段为单位，计算客流区段的通过能力。

（2）在一个客流区段内，高速列车也可能在途中停车办理客运业务，与不停车高速列车比较，它将产生额外的占用列车运行图的时间，对通过能力产生不利影响。因此高速列车因停站而产生的能力扣除已经成为高速铁路能力计算的组成部分。

（3）当采用不同速度列车共线运行的运输组织模式时，由于在高速铁路上开行的 B 类列车运行速度较 A 类列车低，而且停站办理的次数也可能较多，因而占用列车运行图的时间较长，亦即开行 B 类列车将对通过能力产生不利影响。因此，B 类列车产生的能力扣除也是高速铁路能力计算的一个重要组成部分。

（4）高速铁路为使技术设备经常处于质量良好的状态，以确保行车安全，在高速铁路列车运行图中，一般应为设备的日常维修和养护预留出必要时间的天窗。天窗不仅缩短了可供列车运行的时间段，而且人为地将列车运行图分割为两个隔开的时间段，致使在列车运行图上不能组织列车 24 h 循环运行，对通过能力造成了相当大的影响。

（5）为方便旅客乘车旅行，在编制列车运行图时，应尽可能规定适宜的旅客列车始发和终到时刻。高速客运专线一般规定在 6:00 ~ 24:00 间在客流区段内到发。受这一到发时间的限制，在列车运行图中除天窗时间之外，还将产生一定的称之为无效时间的时间段，如动车段所布局造成的运行图空费时间，它对通过能力也有一定影响。

（6）高速铁路上运行的旅客列车，由于受市场需求和旅客出行的调节，列车运行线并不是 24 h 均匀分布的，往往一个时段密集开行，而另一个时段则相对稀疏，使高速铁路通过能力利用具有明显的时段特征。

以上提到若想要寻求在站改过程中最优的运输组织方案，归根结底就是将施工对通过能力的影响降到最低，所以，运输组织的影响因素本质上就是铁路区段通过能力的影响因素。高速铁路的通过能力主要受运输组织模式、列车种类、速度、停站、运行图铺画方式、车站间距、天窗设置等设备和运营因素的影响。

不同运输组织模式对通过能力的影响不同。日本的纯高速客运专线运输组织，只运行 3 种旅客列车，这些列车的技术速度相同（纯区间运行时分相同），不同的只是停站次数及其停站时分。而德国高速铁路属于客货混行的运输组织模式，在运行图上，通过能力的利用呈现 3 个不同的时间段差异：昼间主要运行旅客列车，有高速列车、城际快速列车和普通旅客列车 3 种，其技术速度也不相同；夜间主要运行快速货物列车，种类和速度单一；昼夜交替时段则是客货混行，客货列车速度不同，在占用区间能力上的相互影响也比较复杂。

不同种类列车间的速度差异和停站时间影响通过能力。不同 A 类列车之间因停站次数及停站时间不同产生相互间的能力扣除，旅行速度不同的列车之间（如 A 类列车与 B 类列车间、A 类列车与快速货物列车间等）因速度差异（本质上是区间运行时分差异）而产生相互间的能力扣除。一般而言，速差越大，能力扣除越大。

高速铁路列车运行图的铺画方式实际上也影响着通过能力。一般说来，采用不同列车分区集中铺画方式时，相同速度的列车间可以集中地平行铺画，不同速度的列车占用区间通过能力的相互影响较小，而对不同速度列车采用均衡铺画方式时正好相反。此外，还有一种介于两者之间的阶段均衡铺画方式，这是一种随不同种类列车的数量比例和速度差异而合理选择不同种类列车在运行图中布局关系、列车时空分布以及运行线间交错关系的铺画方式。

高速铁路的天窗对能力的影响也较大。尤其是垂直天窗，一是长达 4 ~ 6 h 的天窗时间行车中断产生直接的能力损失，二是这种天窗方式切断了天窗前后列车运行线的接续关系，在运行图 4 个边角上产生特殊的三角区，使全线能力有了“长线”和“短线”之分，线路里程延伸越长、长线能力越小。由于受旅客有效到发时间的限制，在列车运行图中除了天窗时间外，还将产生一定的无效时间，它也会影响能力。

站间距离及其区间的不均等性对通过能力的影响，在不同种类列车间的速度差异较大时也不能忽视。一般来说，在保证一定的高速能力的条件下缩小站间距离有利于提高中速能力。

我国目前高速铁路车站通过能力的计算主要遵照《高速铁路设计规范》（TB 10621—2014）中的方法，仍然沿用以利用率为核心的计算方法，具体分析如下。

1. 咽喉通过能力的计算

首先对咽喉区道岔进行分组，然后依次计算各道岔组利用率，以此算出各道岔组接发车能力，最后将某方向所有道岔组接发车能力汇总，从而得到该方向咽喉总能力。具体计算如下：

（1）咽喉道岔组全日通过能力利用率：

$$K=\frac{T-\sum t_{固}}{(1\,440-T_{停}-\sum t_{固})(1-\gamma_{空})} \tag{4-1}$$

式中　$T$——咽喉道岔组占用总时间（min）；

$T_{停}$——车站一昼夜内停止列车接发作业的时间（min）；

$\sum t_{固}$——咽喉道岔组固定作业占用总时间（min）；

$\gamma_{空}$——空费系数，一般取 0.2 ~ 0.3。

（2）咽喉道岔组高峰时段通过能力利用率：

$$K=\frac{T_{高峰}^{占}-\sum t_{固}}{(T_{高峰}-\sum t_{固})(1-\gamma_{空})} \tag{4-2}$$

式中　$T_{高峰}^{占}$——高峰时段咽喉道岔组占用总时间（min）；

$T_{高峰}$——高峰时段持续时间（min）；

$\gamma_{空}$——空费系数，可取 0.1。

（3）咽喉通过能力：

$$N_{接}^{i}=\frac{n_{接}^{i}}{K}，N_{发}^{i}=\frac{n_{发}^{i}}{K} \tag{4-3}$$

式中　$N_{接}^{i}$、$N_{发}^{i}$——$i$ 方向接、发车通过能力（列）；

$n^i_{接}$、$n^i_{发}$——$i$ 方向接、发的客车列数（列）。

在咽喉道岔组全日通过能力利用率以及咽喉道岔组高峰时段通过能力利用率的公式中，列车占用咽喉道岔时间标准，由列车运行速度、列车运行控制方式、咽喉区道岔配置情况等具体因素决定。该方法中空费系数如何取值是计算结果是否合理的重要影响因素。

2. 到发线能力的计算

目前我国高速铁路车站到发线通过能力计算方法主要是直接计算法。

（1）全日到发线通过能力：

$$N_{客}=\frac{M_{客}(1440-T_{停})(1-\gamma_{空})}{t_{占均}}\times K \tag{4-4}$$

式中 $N_{客}$——到发线通过能力（列）；

$M_{客}$——用于接发客车的到发线数（条）；

$T_{停}$——车站一昼夜内停止列车接发作业的时间（min）；

$\gamma_{空}$——到发线空费系数，取值范围为 0.15 ~ 0.25；

$t_{占均}$——列车平均占用到发线时间（min）；

$K$——到发线利用率，取 0.90 ~ 0.95。

其中列车评价占用到发线时间按以下公式计算：

$$t_{占均}=\alpha_{通}t_{占通}+\alpha_{折}t_{占折}+\alpha_{始}t_{占始}+\alpha_{终}t_{占终} \tag{4-5}$$

式中 $\alpha_{通}$、$\alpha_{折}$、$\alpha_{始}$、$\alpha_{终}$——通过、立折、始发、终到列车所占列车总数比例（%）；

$t_{占通}$、$t_{占折}$、$t_{占始}$、$t_{占终}$——通过、立折、始发、终到列车占用到发线时间（min）。

（2）高峰期到发线需要量：

$$M'_{客}=\frac{t_{占折}(1+\gamma_{空})}{I\varepsilon'_{高}} \text{ 或 } M'_{客}=M'_{客到}+M'_{客发}=\frac{t_{占终}(1+\gamma_{空})}{I\varepsilon'_{高}}+\frac{t_{占始}(1+\gamma_{空})}{I\varepsilon'_{高}} \tag{4-6}$$

式中 $M'_{客}$——高峰期到发线需要量（条），取以上两个公式的较大者；

$I$——追踪列车间隔时间（min）；

$\varepsilon'_{高}$——计算时间内高速列车扣除系数。

到发线通过能力的直接计算法，未能完全与到发线的实际占用情况契合，在计算过程中假定所有到发线接发车作业完全均衡，会导致计算结果的失真；另外没有考虑到不同速度等级列车占用到发线能力的区别；空费系数取值近似化，需要计算人员有较多的经验，容易造成计算结果带有一定的主观性。

## 4.2 站改施工与运输组织目标分析

### 4.2.1 站改施工目标分析

网络计划技术是现代管理科学总结出的一种比较有效的管理方法。它的总体思路是以缩短工期、提高效率、节省劳力、降低成本消耗为最终目标，通过较为形象的事件关系图—网络图来表示预定计划任务的进度安排及其各个环节之间的相互关系，并在此基础上进行系统分析，计算时间参数，找出所谓的关键性线路，然后利用时差，进一步改进实施方案，以求得工期、资源、成本等的优化。在计划执行过程中，又可以通过信息反馈，不断地对实际进程进行监督、控制和调整，以保证达到预期的目标和最佳效果。网络计划技术是包含了各种网络计划方法的统称。

网络计划技术主要是通过网络的方式对将要进行的工程项目进行安排，表现出工程的时间安排以及各个施工环节间的联系，其主要是采用高效率的施工方式进行施工，以此来缩短施工周期，降低施工过程中的人力资源使用情况等，以此来提高工程项目的整体收益，降低工程成本。

绘制网络进度计划时，先编成一个初始方案。然后检查该计划是否满足工期控制要求，是否满足人力、物力、财力等资源控制条件，以及能否以最小的消耗取得最大的经济效果。这就要对初始方案进行调整、优化。网络计划的优化，就是通过利用时差，不断改善网络计划的方案，它是均衡时间与费用的一种方法。在满足既定的条件下，按某一衡量指标来寻求最优方案，目的是使整个系统在实施过程中以最短的周期、最少的费用，对资源做最有效的利用。经过逐次优化，时差会逐次减少，以至大部分或全部消失，最终逼近所谓的全关键路线网络计划图。

衡量一个计划方案的优劣，应该综合评价它的技术经济指标，包括工期、成本、资源消耗等。但是目前还没有一个能够全面反映这些指标的综合数学模型用以评价最优计划方案的依据，因此，只能根据不同的既定条件，按照某一希望达到的指标，去衡量是否算得上较优的计划方案。网络计划的特点在于它的图形和计算表格的结果可以清晰地向策划者指出哪些是关键工作，哪些是非关键的工作，其时差是多少。因此，运用网络计划技术去优化，首先是研究如何利用时差，是否加派或抽调非关键工作上的人力、物力支援关键工作。

理论上，工程建设项目的目标很多，包括经济上的、质量上的、时间上的以及政治上和环境上的等等，但是，根据前文所述，一般而言站场工程建设项目的实施过程中的主要目标可以归纳为两个，即工期目标和费用目标，其中，费用目标又包括直接费用和间接费用。这两大目标之间是相互关联的，任何目标发生变化都必将影响到另一个目标，举例来讲，当施工资源减少时，与之相应产生的费用，如机械租赁费、工人工资等也会随之减少，反之工期却会延长，这就导致因为误工而产生的额外费用的增加。显然，工期更短、费用更少的目标组合被认为是工程建设项目的最佳目标体系。

1. 施工工期

施工网络计划不仅要确定项目的目标，还要决定达到这些目标的方式、方法，施工网络计划是指导施工活动的纲领性文件。施工计划也是监督的依据，在施工计划中没有明确的量化数据，便无法衡量工程的完成情况。运用网络计划编制施工进度计划，能直接地反映工作之间的相互关系，使一项计划构成一个系统的整体，从而为实现对施工计划的定量分析奠定了基础。

加快计划进度，缩短工期，这是优化的目的之一。施工工期优化是指在一定约束条件下，按合同工期要求，通过延长或缩短计算工期以达到合同工期的目标。计算工期大于合同工期时，可通过压缩关键工作的作业时间，满足合同工期，与此同时必须相应增加被压缩作业时间的关键工作的资源需要量。由于关键线路的缩短，次关键线路可能转化为关键线路，即有时需同时缩短次关键线路上有关工作的持续时间，才能达到合同工期的要求。

任何一个站场工程项目都可以被分解成为多项工作，这些工作之间的优先关系可以在项目的网络计划图中被形象地表示出来。关键路线法是工程项目进度管理中一项基本的定量化技术。假设有确定的项目完成时间，则通常可以决定完成项目所需的最少时间。通常情况下，一个工程项目的完成都有一个预期的时间，因此就需要尽可能加快项目的完成，也就是在计划过程中确定进度目标。

经过前期的施工调查，综合分析各种要素，初步拟定施工方案后，要具体对施工方案进行细化。主要就主体组织结构、铺架施工主体方案及铺架基地建设、运输组织、站场改造、区间铺架等分部方案做出详细阐述。通过指导性施工组织设计和细化后的施工方案之间的比较，寻求控制整体工程施工进度的影响因素。组织机构由于增设了铺架口，组织结构需作出相应的优化。细化后的组织结构采用分层、垂直管理模式。项目下设铺架、运输、机养、线路等专业作业队。此举保证了施工队伍分工合理，灵活机动，同时使形成的决策能够迅速传达，提高了施工效率。

2. 施工费用

为了使特定工序或整个施工工程提前完成，需要采取一定的措施和手段，而这些都可能增加一定的费用。如果提前完成产生的收益超过所增加的费用，采取的措施和手段就是划算的，尽管如此，还需要考虑哪些施工作业需要采取措施缩短工时、工时又缩短多少。

费用优化是通过不同工期及其相应施工费用的比较，寻求与施工费用更低相对应的更短工期。在这之中的工程费用主要是由两个部分组成，即直接和间接费用这两个部分。它们与工期有密切关系，在一定范围内，直接费用随着时间的延长而减少，而间接费用则随着时间延长而增加。

间接费用是指完成工程所产生的管理费、设备租金等，是根据各项施工作业的时间来分配的，由此可知，作业时间越短，间接费用就越低。因此缩短作业时间，加快施工进度，可以节省间接费用。间接费用曲线是表示间接费用或称正常费用和时间成正比关系的曲线，其斜率表示间接费用在单位时间内的增加或减少值。间接费用与施工单位的管理水平、施工条件、施工组织等有关。

直接费用是与完成工序有直接关系的费用，如人力、机械、原材料等费用，在一定条件和一定范围内，工期越短，直接费用就越多。因施工过程中要缩短工期，须采取加班加点多班制作业，增加许多非熟练工人，并且增加机械设备和材料、夜间照明费用等，所以缩短工期会增加直接费用。

然而在这样的情况下还有这一种特殊方式，就是指在增加直接费时，无论增加多少，也不能在原有的基础上缩短工期，这样就称为极限临界点，费用的名称也称作最短时间直接费。相反，如果时间延长可以减少直接费，如果时间延长至某一极限，那么无论将工期怎样延长，直接费用也不能减少，这就叫作正常点，这时的工期也称为正常工期，费用也叫作最低费用。

一般来说，间接费用与工期近似成正比关系，而直接费用与工期则是一种反比关系，但这种关系只在一定范围内存在。为了方便起见，可以近似假设直接费用与工期也呈线性关系。如果假定一个工程的施工费用随完工时间的不同而不同，就可以用数学规划模型来计算某一工程项目规定的完成时间所需的最小费用，这样就确定了该项目的费用目标。

还需要指出的是，在编制工程进度计划时，除考虑时间和费用以外，有时还需要考虑合理安排人力、物力等有限的资源。尤其在资源较为紧张时，需要合理调配，以保证急需的关键作业正常开工，必要时甚至要适当推迟工程的完工时间。这些都需要计划人员或工程管理人员等进行宏观控制，根据实际情况灵活掌握。

### 4.2.2 运输组织目标分析

车站工作组织的主要内容大致可以分为生产管理、技术管理及客车整备所对车底和客车的技术作业。对于客运站而言，生产管理主要是指售票、行包运送、旅客乘降、问询、候车等客运服务工作组织。技术管理主要包括标准化技术作业过程、车场及线路的专门化、旅客列车的技术作业等，保证安全而无障碍地接发列车，并严格按列车运行图正确及时地办理列车各项作业。客车整备所是客运列车车底进行检查、修理、整备和停留的场所，其作用是保证客车技术状态良好。

高速铁路车站运输组织具有如下特点，由于动车组列车是按照既定列车运行图开行，因此高速铁路车站内的客运行车量和时刻表相对固定，这也就决定了高速铁路车站运输组织工作需要精确计划，否则某列车运行出现偏差，将会影响到后续列车开行。大部分动车组列车车底固定，因此一般不需要对整个车底进行解编调车作业。动车组列车车底的清洗、检修等整备作业一般在维修工区进行，因此在高速铁路车站运输工作组织中，会产生高速铁路车站与维修工区之间取送车底作业。故而高速铁路车站行车组织工作必须与客车车底或车辆整备作业相互配合。

根据高速铁路车站改建所需进行的施工种类可以看出，在高速铁路车站所进行的各类管理和作业中，与施工关系密切的是高速铁路车站的各项技术作业。将各类型技术作业按照动车组列车性质大致可以分为中转动车组列车的技术作业、始发动车组列车的技术作业、终到动车组列车的技术作业和立折动车组列车的技术作业。由于不同性质的动车组列车其技术作业内容不尽相同，因此，其相应的技术作业时间也不同：

（1）中转动车组列车在到达高速铁路车站后，立即进行旅客上下车、司机换班及接收列车并发车等技术作业，其作业时间标准一般为 5 min。

（2）始发动车组列车其车底由维修工区调入客运站到发线后，即安排旅客上车、上餐料、上水、吸污、地勤司机交接及准备发车。始发动车组列车技术作业时间一般为 20 min。

（3）终到动车组列车各项技术作业均可平行进行，下备品、保洁、旅客下车、上水、吸污和地勤司机交接后，车底可由本务机车或调车机车调送至维修工区，其作业时间标准为 18 min。

（4）立折动车组列车在到站后，立即进行旅客下车、司机更换操作端、上水、吸污作业、调整座椅方向、保洁、车体保洁、上餐料、旅客上车、准备发车等技术作业，其时间标准与始发动车组列车技术作业时间相同，也为 20 min。

为了实现运输生产过程，完成国家规定的运输任务，铁路必须具备一定的运输能力。铁路运输能力一般采用通过能力和输送能力两种概念，可以说，若想要寻求在站改过程中最优的运输组织方案，归根结底就是将施工对通过能力的影响降到最低，并以此为目标建立对应的优化模型并求解。

在采用一定类型的机车车辆、动车组和一定的行车组织方法条件下，铁路区段的各种固定设备，在单位时间内（通常指一昼夜）所能通过的最多列车数或对数称为通过能力。通过能力在一定程度上取决于广大铁路职工的协同动作和铁路固定设备、机车车辆的合理运用。因此，通过能力并不是一成不变的，它随着技术设备和行车组织方法的改善而提高。计算铁路通过能力的目的就在于能够胸中有数地安排运输生产，保证铁路运输适应国民经济不断发展和人民生活不断提高的需要。

在铁路实际工作中，通常又把通过能力分为 3 个不同的概念，即设计通过能力、现有通过能力和需要通过能力。预计新线修建以后或现有铁路技术改造以后，铁路区段固定设备所能达到的能力，称之为设计通过能力；在现有固定设备、现行的行车组织方法和现有的运输组织水平的条件下，铁路区段可能达到的能力，称为现有通过能力；在一定时期内，为了适应国家建设和人民生活的需要，铁路区段所应具备的能力，称为需要通过能力。

传统的车站通过能力包括咽喉通过能力和到发线通过能力，是车站在现有设备条件下，采用合理的技术作业过程，一昼夜能够接、发各方向的货物（旅客）列车数和运行图规定的旅客（货物）列车数。车站通过能力是铁路线网通过能力的重要组成部分，因此，车站通过能力通常与铁路线网通过能力相互协调匹配。

对于铁路车站通过能力很难有统一的衡量标准，其影响因素众多，尤其是列车时刻表和车站的硬件设备。车站通过能力的计算与列车运营场景密切相关，主要包括列车作业类型、到达时间分布、到达强度、列车到发方向等。

UIC 能力手册分析指出车站运输需求特征对车站通过能力影响较大。运输需求特征中密切相关的因素主要包括：接发列车的类型、列车数量、列车速度等级、列车类型构成比例、车站作业计划稳定性等等。

由于传统的直接计算法和利用率法的计算结果准确度不高，且无法反映车站能力在各时段的时空分布，而图解法虽较精确，但工作量大，且依赖于编图人的经验。国内主要利用车站的最大接发列车数来定义车站通过能力。这种定义方式与我国铁路过去属于能力紧缺、设备最大化利用的运输组织方式有密切关系。但随着我国高速铁路线网的日益增大，运力逐渐提升，这种定义方式与运输服务质量与旅客需求之间存在着协调匹配程度不够的问题。

在实际运输中，根据固定车站设备和作业规则，车站通过能力的值随着利用场景的变动而呈现一定范围的波动。由于天窗开设、能力的时段运用特征、运输组织技术等原因，使铁路线路的使用能力小于理论计算能力。

## 4.3 站改施工与运输组织协同评价必要性与可行性分析

为了研究站场改建施工对运输组织的影响，还应该了解铁路车站运输组织工作包含的主要内容以及作业特点，据此可以更好地分析施工对其运输组织工作的影响，从而进一步采取相应的运输组织优化措施，来减少施工对运输工作的影响。

### 4.3.1 站改施工与运输组织协同评价的必要性

通过上述对站改施工及运输组织的分析可知，运输组织工作中包含施工天窗的开设方案，为了保证不间断的运输，施工作业并不是在任何时间都能进行的，封锁线路的天窗时间也不是需要多长就能安排多长的。施工天窗开设方案中的内容、方式以及时长的制订反过来也影响着运行线的时空布置，进而影响区段通过能力，同时也会对施工方案及时间产生显著影响。铁路行车量可以反映区段通过能力，而区段通过能力的变化会影响到运输组织工作进而影响到站改施工方案的制订。

经过上文的分析研究，运输组织和站改施工的优化受包括彼此在内多个制约因素的影响。站改施工开始后会停用部分道岔和股道，对运输和车站作业产生一定的不利影响。因相关设备相互占位，站改施工前须拆除部分既有设备，在施工后期才能恢复。施工作业受到行车的干扰，有的施工作业虽然不需要封锁线路就能够进行，但当列车通过施工区段时必须中断作业，工作时断时续，施工有效时间不多。另外，施工在通车线路上或其近旁进行，随时随地要注意不能妨碍通车，工作面受很大限制。而运输组织又涉及施工天窗的开设和施工期间行车方案的改变，这些变化决定了施工的进度和人员安全能否得到保障。

就我国运输行业的现状而言，铁路运输占据着运输行业的重中之重，一旦在施工的过程中封闭线路就会造成交通不畅、运输效率低等问题，若不能及时协调好运输组织工作，甚至对相邻车站也会造成车流积压、通过能力降低等影响。因此，要对站改施工和运输组织进行协同优化，才能避免顾此失彼现象的发生，得到更加省时、经济的最终方案，进而找到多目标优化的最优解。

### 4.3.2 站改施工与运输组织协同评价可行性分析

在上文论证了站改施工与运输组织协同优化必要性的基础上，接下来，我们进一步对站改施工与运输组织协同优化的可行性进行分析论证。

1. 站改施工对车站运输组织工作的干扰

站改施工会对运输组织产生干扰，主要体现在两个方面，一是施工对于运输能力的影响，二是对于运输设备的影响。

为了保证客运站改建施工的正常进行，往往需要开设天窗，中断车站内既有线行车，即使不需要封锁线路的施工，其站内相邻既有线也需要限速慢行。另外，客运站改建施工需要大量的土石方等建筑材料，工程运输的增加，也会增加既有线的运输负担。

由于车站改建施工越来越多地使用大型施工机械，其机械高杆容易侵入车站内既有线上空，造成触碰接触网高压线路，产生安全问题。而且，新线进行土石方爆破和边坡开挖等施工，也容易对相邻既有线旅客乘车舒适性和行车安全产生一定的影响。

2. 车站运输组织对站改施工的制约

首先，由于车站运输生产的制约，进行封锁施工的天窗时间长短不是随意制订的。对于施工来说，连续封锁施工时间越长，越有利于施工效率的提高和成本的降低。但是，为了保证客运站正常的旅客运输生产，施工天窗开设时段和时长都要受到运输部门的严格限制。

其次，对于某些施工点可以不需要进行封锁施工，相邻线路上可以限速通过旅客列车。在这样的施工点上，为了保证旅客运输安全，可能在有列车通过时，会要求施工中断，这样就造成了施工作业的时断时续，这就在一定程度上影响了施工进度，降低了施工效率。

另外，由于铁路运输受到天气等因素的影响时，会发生运输计划的变更。一旦运输计划发生变更，某些施工时间和新的列车运行时间会产生重合，为了保证旅客运输生产的安全，可能需要重新安排新的施工计划，这也在一定程度上影响了施工的工期和施工的成本。

基于以上分析，由于站改施工和运输组织工作的开展是相互影响、相互制约的。对车站进行改建施工时必然会影响车站通过能力，进而导致运输计划的调整；反之，如果不能合理利用当前可用的到发线来组织运输，必然会对站改施工的工作环境和工程进度造成不利影响。因而在考虑进行优化时，不能只考虑对单一的施工工作进行优化，而忽略了运输组织对其造成的影响。所以，从本章最初提到的相关指标作为切入点，进而进行站改施工与运输组织的协同优化是可行的。

### 4.3.3 站改施工与运输组织协同水平评价指标体系

将协同理论方法引入站改施工与运输组织协同这一特定计算场景，通过建立模型计算站改施工与运输组织协同水平，基于此提出考虑系统间协同度的站改施工与运输组织方案编制方法。

关于系统序参量选取，序参量是指在系统状态更迭的临界过程中作用效果十分明显的控制参量。对各序参量进行整理，得到站改施工方案评价指标体系，如图 4-1 所示。

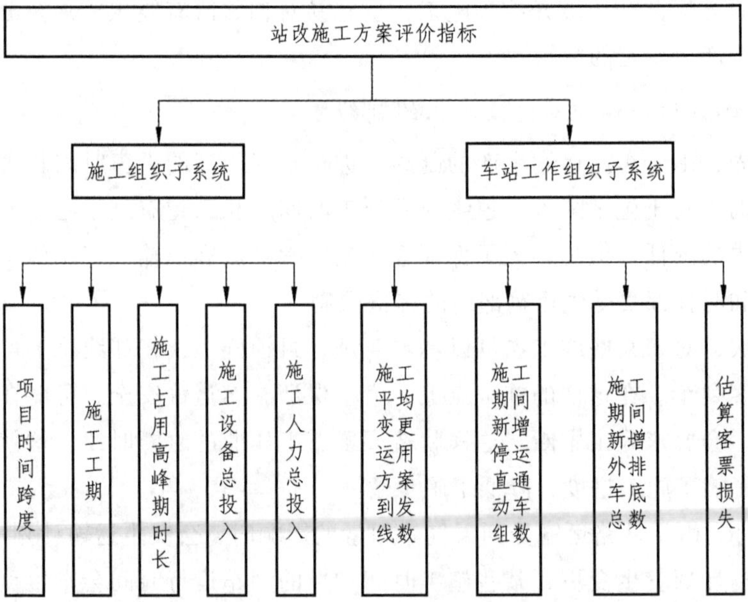


图 4-1　站改施工方案评价指标体系

## 4.4　新线引入站改施工与车站工作组织协同过程与评价

将新线引入站改施工与车站行车组织工作作为两个独立的子系统，分别分析两个子系统各自的有序度影响因素指标，兼顾指标的可获取性、合理性，最终确定其序参量，形成指标体系。

新线引入站改施工子系统在最有序状态时，能够完成工程量的前提下，实现工期最短、施工成本最省，并应尽量避开春运、暑运、节假日等大客流时期。据此将项目时间跨度、施工工期、施工投入总人次数、施工投入总设备数和施工占用高峰期（春暑运、节假日运输期限）天数 5 个指标作为施工组织子系统的序参量。由于“施工时间跨度”不完全等同于“施工工期”，即若工程分阶段施工，第一阶段施工完工后到第二阶段施工开始前的这段时间仍属于施工期间，因此项目时间跨度将影响施工管理成本，主要包括项目部运行费用、职工社保等费用。施工工期增加或者项目分阶段实施均会增加施工管理成本。

新线引入站改施工期间需要封锁道岔、到发线等站场设备，造成车站可用设备规模减小，影响通过能力。为保证车站在可用通过能力折损条件下仍能正常运转，需调整列车开行方案和车站作业方案，以减少车站办理列车数并提高车站可用设备的使用效率。常见的调整措施包括停运列车、调整车底过夜停放地点、变更到发线运用方案等。在不同的施工方案（即设备封锁条件）下，需做出的调整不尽相同；调整列车的不同也将对车站生产经营造成不同程度的影响。因此，车站工作组织子系统序参量的选取应兼顾车站运输调整措施和客流影响情况。本文选取变更运用方案到发线数、新增停运直通动车组总数、新增外排车底动车组总数、估算客票损失 4 个指标作为车站工作组织子系统的序参量。由于车站工作组织方案多以“1 日”为单位，而新线引入站改施工周期一般较长，因此车站工作组织子系统中，变更运用方案到发线数取施工期间每日平均值，其余序参量取施工期间总数。

### 4.4.1 赋权方法的适应性分析

既有研究建立的协同度计算模型大多独立使用主观赋权法或客观赋权法。针对新线引入施工和车站工作组织协同评价问题，由于既存在能够以指标值大小反映重要性差异的指标，也存在不能以指标值大小判断其重要水平的指标，因此完全采用某一种赋权方法确定各序参量指标的权重都将影响协同评价的准确性。

常用的主观赋权法主要有 AHP 法、BWM 法和 Delphi 法，这些方法能够将决策者的主观意识和基本认知进行结合，但其给出具体权重忽略了决策属性的实际值，数据信息的体现不足；客观赋权法主要有熵权法、CRITIC 法、信息量权重法等，客观权重法能充分挖掘实际值当中的信息，其结果虽能体现各决策属性之间的强弱，但无法表现出属性本身的重要性，可能得出与基本认知完全相反的结论。本文借助一种主客观赋权方法改进协同评价模型，将主观赋权和客观赋权的优势有效结合，以此评价新线引入站改施工与车站工作组织协同度。

### 4.4.2 施工组织与车站工作组织子系统的协同演化过程

协同学的研究对象是包含多个组成部分的系统，通常通过系统内各组成部分间的相互协作与竞争形成系统阶段内的有序结构。这类系统一般具备自组织性、有无序状态更替性以及参量差异性 3 个基本特性。

当序参量的介入推动两个子系统由临界的紧张相向饱和相改变，即发生系统相变后，子系统内部的功能性难以满足当前的施工和运输要求。此时施工与车站工作组织这一复合系统的平衡被打破，处于一种动态非平衡无序状态，并将触发这一复合系统的自组织动态调整过程。因此需尽快调整各子系统序参量取值使系统恢复有序平衡状态。

### 4.4.3 协同评价模型建立

系统协同水平可以作为评价当前系统动态平衡程度的指标。本文进行协同评价的思路是，首先进行数据标准化，其次结合主观权重和客观权重确定各序参量综合权重，然后计算得出序参量对子系统有序度的贡献，并计算子系统有序度，明确出两个子系统的主次关系，最后计算两个子系统间的协同度。

1. 数据预处理

本文选取的系统序参量均为负向型含量纲指标，在进行有序度和协同度计算时按照公式（4-7）和公式（4-8）处理为正向型无量纲指标。

$$f_{ijk}^{0} = f_{i\max}^{1j} - f_{ijk}^{1} \tag{4-7}$$

$$f_{ijk} = \frac{f_{ijk}^{0}}{\sqrt{\sum_{k=1}^{m}(f_{ijk}^{0})^{2}}} \tag{4-8}$$

式中，$f_{ijk}^{0}$ 为第 $i$ 个子系统的第 $j$ 个序参量的第 $k$ 个正向值。设共有 $m$ 个施工与车站工作组织调整方案，则 $k=1,2,\cdots,m$。$f_{i\max}^{1j}$、$f_{ijk}^{1}$ 分别为第 $i$ 个子系统中第 $j$ 个序参量的最大值和第 $k$ 个实际值，$f_{ijk}$ 为第 $i$ 个子系统的第 $j$ 个序参量第 $k$ 个标准化后的值。

2. 指标赋权

在主观赋权部分，本文采用专家打分法。在客观赋权部分，本文采用熵权法，根据序参量信息量，利用信息熵计算出各指标的熵权，再通过熵权对各中心性指标的权重进行修正，得到较为客观的指标。基于熵权法修正子系统各序参量权重的步骤如下：

$$f_{ijk}' = \frac{f_{ijk}}{\sum_{k=1}^{m} f_{ijk}} \tag{4-9}$$

$$E_{ij} = -\frac{1}{\ln m}\sum_{k=1}^{m} f'_{ijk} \ln f'_{ijk} \tag{4-10}$$

$$b_{ij} = \frac{1-E_{ij}}{\sum_{j=1}^{m}(1-E_{ij})} \tag{4-11}$$

式中，$f'_{ijk}$ 为第 $i$ 个子系统的第 $j$ 个序参量的第 $k$ 个值的比重；$E_{ij}$ 为第 $i$ 个子系统的第 $j$ 个序参量的信息熵；$b_{ij}$ 为第 $i$ 个子系统序参量 $j$ 的客观权重。

以序参量权重为自变量，序参量权重与客观赋权权重均方误差和最小为目标函数，序参量权重的合理取值区间为主观权重和客观权重的交集。同时为保证同主观赋权的"顺序信息"相一致，需对决策变量施加"顺序约束"，且权重之和为 1。以此建立非线性规划模型，通过 SQP 二次规划方法求解。

$$\alpha_{ij}^{+} = \max\{a_{ij}, b_{ij}\},\ \alpha_{ij}^{-} = \min\{a_{ij}, b_{ij}\} \tag{4-12}$$

$$\min\sum_{j=1}^{n}(w_{ij} - b_{ij})^2 \tag{4-13}$$

$$s.t.\begin{cases} a_{ij} \geqslant a_{ij^{i}}, j < j' \\ w_{ij} \geqslant w_{ij'}, j < j' \\ \alpha_{ij}^{-} \leqslant w_{ij} \leqslant \alpha_{ij}^{+} \\ \sum_{j=1}^{n} w_{ij} = 1 \\ 0 \leqslant w_{ij} \leqslant 1 \end{cases} \tag{4-14}$$

式中，$j$、$j'$ 为序参量的顺序信息，例如在第 1 个子系统中序参量 1 的主观权重大于序参量 2 的主观权重，即 $a_{11} \geqslant a_{12}$，则序参量 1 的权重 $w_{11}$ 也应当大于序参量 2 的权重 $w_{12}$，即 $w_{11} \geqslant w_{12}$；$\alpha_{ij}^{+}$、$\alpha_{ij}^{-}$ 分别为第 $i$ 个子系统序参量 $j$ 权重可取最大最小取值，$a_{ij}$ 为第 $i$ 个子系统序参量 $j$ 的主观权重，$b_{ij}$ 同上所述，$w_{ij}$ 为第 $i$ 个子系统序参量 $j$ 的主客观综合权重。

3. 子系统内部有序度计算

按公式（4-9）或（4-15）计算序参量 $j$ 对子系统 $i$ 在方案 $k$ 中的有序度贡献率 $g_{ijk}$，按公式（4-10）或（4-16）计算方案 $k$ 中子系统 $i$ 的有序度 $e_k(i)$：

$$g_{ijk} = \frac{f_{ijk} - f_{i\min}^{j}}{f_{i\max}^{j} - f_{i\min}^{j}} \tag{4-15}$$

$$e_k(i)=\sum_{j=1}^{m} w_{ij} g_{ijk} \tag{4-16}$$

式中，$f_{i\max}^{j}$、$f_{i\min}^{j}$ 分别为第 $i$ 个子系统中序参量 $j$ 在所有方案中的最大值与最小值。

4. 系统间协同水平计算

按公式（4-11）或者（4-17）计算方案 $k$ 中两系统间协同水平 $H(k)$：

$$H(k)=\frac{\min(|e_k(i)-e_0(i)|\neq 0)}{|\min(|e_k(i)-e_0(i)|\neq 0)|}\sqrt{\sum_{i=1}^{2}|e_k(i)-e_0(i)|} \tag{4-17}$$

式中，乘子 $\frac{\min(|e_k(i)-e_0(i)|\neq 0)}{|\min(|e_k(i)-e_0(i)|\neq 0)|}$ 的目的是保证协同度计算的有效性，$e_0(i)$ 为初始方案的系统有序度。由前文分析可知施工与车站工作组织复合系统的初始状态是施工尚未开始的阶段，此时亦不需要进行车站工作组织调整，因此各序参量取值均为 0，即子系统间初始协同度为 0。因此公式（4-11）或者（4-17）可简化为如下形式：

$$H(k)=\sqrt{\sum_{i=1}^{2}|e_k(i)|} \tag{4-18}$$

根据以上公式可求得不同方案下施工组织子系统和车站工作组织子系统的内部有序度和系统间协同度。子系统有序度 $e_k(i)$ 越高，则表明该方案内子系统内部越有序；协同水平 $H(k)$ 越高，则表明两子系统间协同水平越好。

## 4.5 站改施工与运输组织方案协同水平提高方法

### 4.5.1 站改施工与运输组织方案协同最优化的总体目标

站改施工与运输组织方案协同最优化的目标是使得施工单位和运营单位均能以最小代价完成施工和施工期间的运输生产工作，即广义总成本最小。分别从施工和运营两个角度出发，可将广义总成本最小的目标分解为广义施工成本最小和广义运输调整损失最小两个子目标。因此站改施工和运输组织方案协同优化的目标函数可表达为下式：

$$\min Z=Z_1+Z_2 \tag{4-19}$$

$$Z_1 = \sum_{i=1}^{M} \lambda_i a_i x_i \tag{4-20}$$

$$Z_2 = x_1 \cdot \sum_{j=1}^{N} \mu_j b_j y_j \tag{4-21}$$

式中，$Z_1$为广义施工成本；$\lambda_i$为第$i$项施工支出的量纲调节系数；$a_i$为第$i$项施工支出的单位成本；$x_i$为第$i$项施工支出的支出数量；$M$为施工支出项目总数。如前文分析，广义施工成本涵盖经济成本和时间成本，因此引入权重$\lambda_i$对成本进行无量纲化处理，并同时赋予相应的权重。针对不同的施工支出$i$，权重$\lambda_i$的量纲也不同。由于事先未知最优方案中各项支出的取值，无法利用客观赋权方法求权重，因此$\lambda_i$的取值由专家打分法确定。$Z_2$为广义运输调整损失，$x_1$为施工工期决策变量，$\mu_j$、$b_j$、$y_j$分别为第$j$项运输调整措施的量纲调节系数、单位成本和调整措施对应的每日调整列车数量。广义运输调整损失包括本站运力损失、客流损失和其他车站负担增加 3 方面。运输调整措施的单位成本根据调整列车类型确定，如改编组、停运列车的单位成本为客票收入损失/列，新增外排列车的单位成本为外排走行公里/列等。

### 4.5.2 施工工期控制与优化

1. 控制与优化原理

施工工期控制是指在一定约束条件下使工期合理，通过对各项施工单项采取适当的延长或缩短计算工期以达到要求站改施工整体工期的目标。工期控制与优化的目的，是使网络计划满足要求工期，保证按期完成工程任务。综合考虑质量、工期和成本增加等情况，确定各压缩对象的优先选择系数，并按照优选系数从小到大的原则，选择应优先压缩的关键施工单项。按相关工程的要求对工程的计划工期和计算工期进行分析，一般情况计算工期会大于计划工期，如果小于则满足工程工期要求。工期缩短时间的最小值$\Delta T_{\min}$可由计算工期$T_{\mathrm{c}}$和要求工期$T_{\mathrm{r}}$表示：

$$\Delta T_{\min} = T_{\mathrm{c}} - T_{\mathrm{r}} \tag{4-22}$$

当工期缩短时间$\Delta T > \Delta T_{\min}$时，站改施工项目提前完成，对运输组织产生的影响更小。

2. 控制方法

工期控制主要是为了满足站改施工项目工期的要求，一般情况下借助网络图实施，因为网络图有各单项施工的逻辑关系，具体计算步骤如下。

（1）计算网络计划中的时间参数，找出关键工作及相关非关键工作。

（2）按网络图规则和工程具体情况分析应该缩短的时间。

（3）确定关键线路上可以压缩的工作时间。

（4）对能够调整的关键工作进行压缩，应该选择时间缩短后对工程影响不是太大的、资源充足的和选择费用影响较小的工作。

（5）经过上面的工期压缩，仍不能满足工期要求，继续重复上述工作，直到满足工期要求为止。

（6）如果在工期优化后依然不能满足工期时，分析是否编制的计划不合理，若不合理进行重新审定。

由此可以得到工期计算公式为

$$x_1 = \sum_{1}^{H} t_{pq} \tag{4-23}$$

式中，$H$ 为网络图中一条关键线路上的施工单项；$t_{pq}$ 为施工单项的实际持续时间。

### 4.5.3 施工成本控制与优化

1. 控制与优化原理

施工成本控制的过程中，需要把建设费用分为两种，即直接费用和间接费用。直接费用如劳动力费用、材料费用、机械设备费用等。间接费用为现场管理费以及场地租赁费等。若要缩短工期，直接费用增加，间接费用减少，衡量两种费用的和成了主要工作。由于在工期缩短下直接费用递增，间接费用递减，总费用曲线中一定有对应最少总费用的最优工期。

施工成本控制与优化是对施工网络图各工作分析，特别是关键工作的分析，寻求工程总成本最低时的工期安排。在建设工程施工过程中，通过对网络图把费用和工期分解为直接费用和工期关系、间接费用和工期关系对整体工程进行优化。网络图中的工作通常可以采用多种施工方法和组织方法，不同方法应用在工作上的持续时间和费用也有所不同，所以对各工作优化必须考虑工程实际情况。所以，我们在对施工网络图上的工作分析中会出现最长时间和最短时间，从而也会出现不同进度方案，其所对应工程的总工期和总费用也就不同，目的是能从多种方案中找出总成本最低的方案。

如图 4-2 所示，各施工单项的直接费用和各施工单项时间成曲线关系，通常为简化计算，被近似为一条直线关系。经过对直接费用的分析，各施工单项的持续时间缩短，则直接费用增加，其斜率称为直接费用率。

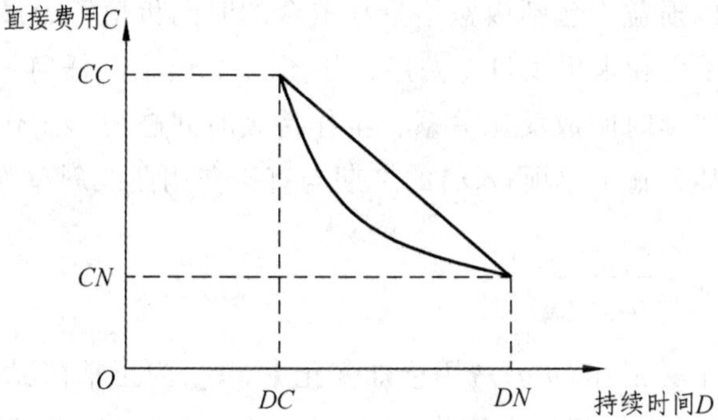


图 4-2　各施工单项的直接费用与施工时间关系

直接费用率计算公式：

$$\Delta C_{pq}=\frac{CC_{pq}-CN_{pq}}{DN_{pq}-DC_{pq}} \tag{4-24}$$

式中，$DN$ 为各施工单项的正常持续时间；$CN$ 为按正常持续时间完成时所需的直接费用；$DC$ 为各施工单项的最短持续时间；$CC$ 为按最短持续时间完成各施工单项所需的直接费用；$\Delta C_{pq}$ 为施工单项 $(p,q)$ 的直接费用率；$CC_{pq}$ 为按最短持续时间完成施工单项 $(p,q)$ 时所需的直接费用；$CN_{pq}$ 为按正常持续时间完成施工单项 $(p,q)$ 时所需的直接费用；$DN_{pq}$ 为各施工单项 $(p,q)$ 的正常持续时间。

在网络图中，确定缩短持续时间的关键施工单项，当只有一条关键线路时，应找出直接费用率最小的一项关键施工单项，作为缩短持续时间的对象，当有多条关键线路时，应找出组合直接费用率最小的一组关键施工单项，作为缩短持续时间的对象。

2. 控制方法

对成本优化的目的是使项目的总费用最低。对具体的优化问题分为以下几种情况：在合同规定工期的目标下，确定工程项目的最低费用；如果需要缩短工程项目工期，必须要考虑怎样能够使增加的费用最小；若要求以最低费用完成整个工程项目计划，怎样确定其工期；若增加一定的费用，工期缩短多少等。这些情况在实际工程中经常出现，我们需要抓住工程所需进而解决问题。

进行成本优化，应首先对工程项目进行具体工作的分解，计算各个工作在不同工期情况下的最低直接费用，然后考虑相应的间接费用的影响和工期变化带来的其他损益，包括效益增量和资金的时间价值等，最后再通过直接费用与间接费用之和求出项目总费用，如图 4-3 所示。任何一项工作的工作成本与工作的持续时间成反比关系，工作持续时间越短，工作成本就越高，因此可以得到某个施工单项 $(p,q)$ 的工期与直接费用曲线斜率为

$$k_{pq}=\frac{c_{npq}-c_{spq}}{t_{npq}-t_{spq}} \tag{4-25}$$

式中，$k_{pq}$ 为赶工时工作 $(p,q)$ 费用增加变化率；$c_{npq}$ 为正常情况下工作 $(p,q)$ 的成本；$c_{spq}$ 为最短工期情况下工作 $(p,q)$ 的成本；$t_{spq}$ 为赶工时工作 $(p,q)$ 的持续时间；$t_{npq}$ 为正常情况下工作 $(p,q)$ 的持续时间。

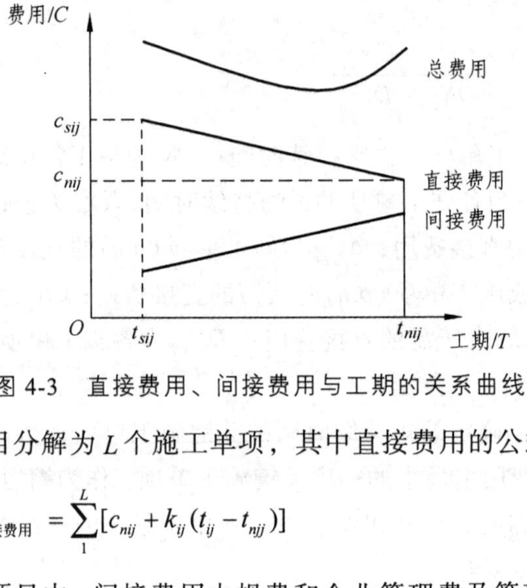


图 4-3　直接费用、间接费用与工期的关系曲线

站改施工项目分解为 $L$ 个施工单项，其中直接费用的公式为

$$C_{直接费用}=\sum_{1}^{L}[c_{nij}+k_{ij}(t_{ij}-t_{njj})] \tag{4-26}$$

在站改施工项目中，间接费用由规费和企业管理费及管理人员工资组成：

$$C_{间接费用}=\beta T_C \tag{4-27}$$

式中，$T_C$ 为站改施工项目实际工期；$\beta$ 为站改施工项目间接成本系数。

间接费用是施工企业运营每天的固定费用，随着工期的延长而增加，反之则减少。站改施工项目间接成本系数是根据企业的管理水平而确定的，不同企业有不同的系数。$\beta$ 不是越高越好，也不是越低越好，而是根据施工进

度安排，使得管理人员能够合理完成进度目标为最佳。

工程费用为直接费用和间接费用，随着工期的变化直接费用和间接费用也会随着变化。如果要压缩工期则会出现直接费用的增加和间接费用的减少，成本控制与优化的目标是寻求总费用最少：

$$x_2 = \sum_{1}^{L}[c_{nij} + k_{ij}(t_{ij} - t_{nij})] + \beta T_0 \tag{4-28}$$

$$st_{pq} \leqslant t_{pq} \leqslant nt_{pq} \tag{4-29}$$

综上将工程项目分解为各项工作，用网络图将各工作的逻辑关系表达出来，成本优化和公式的运用具体操作步骤如下：

（1）按工作初始正常的持续时间确定关键工作。

（2）计算网络计划中各项工作的直接费用率，并从低到高排好顺序。

（3）按费率最低的工作为选择优化对象。

（4）在网络图中考虑不改变关键工作性质，确定能够缩短的时间，按该时间计算费用，并计算工程项目相应的费用变化关系。

（5）综合考虑工期的变化带来的间接费损益和对整体工程项目的影响，计算出项目总费用（即直接费用与间接费用之和）。

（6）重复上述（3）至（5）步骤，直到总费用最低为止。

### 4.5.4 运营单位利润损失控制

1. 控制原理

运营单位所获利润受运输收入与运输支出两方面影响。运输收入主要由各类客票和货票收入组成，受运输需求（包括运量和目的地）和运输价格（包括不同运输产品的单位运价的价格弹性）影响。运输支出包括支付的职工工资、材料、燃料、电力及固定资产折旧费、各种服务管理费等。一定期间的运输支出就是这个期间的运输总成本；单位运输产品所分摊的运输支出即为单位运输产品成本。

在站改施工期间，运营单位的利润损失由收入减少和支出增加带来。运输收入减少由列车停运和变更运行区段造成。受旅客运输的特征影响，旅客列车停运和变更区段造成的利润损失较货物列车停运更大，停运带来的收入损失比变更运行区段更大。施工期间车站通过能力下降，部分在本站存放或检修的机车车辆需外排回送至其他车站（机务段、动车段）存放，由此带来运输支出增加，包括外排机车和车底的燃料费、技术设备折旧费和人工费等几方面。

因此，为减少运营单位利润损失，第一应尽可能减少停运列车，特别是旅客列车和高等级货物列车；第二应尽量对客座率较低的旅客列车停运或改变运行区段；第三应妥善安排车底就近外排存放，避免长距离回送。需要指出的是，减少利润损失需在技术设备运用允许条件下进行，否则将影响站改施工进度，并造成邻近车站（机务段、动车段）存放能力紧张。

2. 控制方法

处于正常运营状态时，铁路运营单位的利润损失为 0，因此利润损失控制的目标是尽可能使施工期间运输组织方案与正常运营状态相同。但由于站改施工不可避免地带来车站技术设备停用，必须对现有运输方案进行调整，并满足本站和邻接车站、邻接区段的能力限制。

（1）施工期间车站办理列车数不大于最大通过能力：

$$K-\sum_{j\in N'} y_j \leqslant Q \tag{4-30}$$

式中，$K$ 为施工前车站办理列车数；$N'$ 为调整措施集合 $N$ 的子集，包含施工期间停运、改运行区段、改存放地点等 3 项措施；$Q$ 为施工期间车站最大通过能力，根据封锁咽喉和封锁到发线后的站场平面布置图，通过综合分析法计算确定。

（2）收外排列车后接收车站（动车所）存放车底数不大于最大存放能力：

$$K_v+\sum_{j\in N''} y_j^v \leqslant Q_v, \forall v\in V \tag{4-31}$$

式中，$K_v$ 为施工前接收车站 $v$ 的图定存放车底数；$N''$ 为调整措施集合 $N$ 的子集，包含施工期间外排至邻站过夜和外排至其他动车所存放 2 项调整措施；$y_j^v$ 为调整至车站 $v$ 的车底数；$Q_v$ 为车站 $v$ 的最大可存放车底数；$V$ 为接收车站（动车所）集合。

# 第5章　站改施工与运输调整一体化组织方案评价

前文建立的模型可用于施工方案和运输组织方案编制开始前寻求协同度较高的方案。本章旨在对若干套已经初步确定的站改施工与运输调整一体化组织方案的质量开展评价，基于多属性决策方法计算各套方案的综合指标，从中选取相对较优的一体化组织方案。

## 5.1　基于系统协同的一体化组织方案评价的必要性

随着国民经济的快速增长，担负着大量旅客和货物运输任务的铁路运输业，也面临着巨大的挑战。进入21世纪以来，我国经济社会又好又快发展，铁路在综合运输体系中的骨干作用日益突出，铁路又迎来了发展的黄金时期。多条客运专线的规划建设，对现有大中型铁路枢纽的布局产生了一定的影响。由于客运专线铁路对于设备等级的要求较高，因此，随着客运专线引入既有铁路枢纽，枢纽内的既有客运站场也需要进行改扩建或技术升级。在各种铁路建设施工中，客运站站场改扩建施工起着极为重要的作用，这是因为，客运站改扩建施工，必须在保证铁路旅客运输安全的前提下，尽可能地不影响各客运站正常的铁路旅客运输任务，因此提前制订好切实可行的施工与运输方案是项目开展的重中之重。

在制订相应协同计划的时候，应当充分考虑高速铁路施工组织与既有线运输组织之间的相互影响，二者存在着对立统一相互制约的矛盾关系。客运站改建施工会对运输组织产生干扰影响，主要体现在，一方面是施工对于运输能力的影响，另一方面是对于运输设备的影响。为了保证客运站改建施工的正常进行，往往需要开设“天窗”，中断车站内既有线行车，即使不需要封锁线路的施工，其站内相邻既有线也需要限速慢行。另外，客运站改建施工需要大量的土石方等建筑材料，工程运输的增加，也会增加既有线的运输负担。由于车站改建施工越来越多地使用大型施工机械，其机械高杆容易侵入车站内既有线上空，造成触碰接触网高压线路，产生安全问题。而且，新线进行土石方爆破和边坡开挖等施工，也容易对相邻既有线旅客乘车舒适性和行车安全产生一定的影响。反过来车站运输生产也会对改建施工的推进造成影响，首先，由于车站运输生产的制约，进行封锁施工的“天窗”时间长短不是随意确定的。对于施工来说，连续封锁施工时间越长，越有利于施工效率的提高和成本的降低。但是，为了保证客运站正常的旅客运输生产，施工“天窗”开设时段和时长都要受到运输部门的严格限制。另外，由于铁路运输计划或受到天气等很多因素的影响，会发生运输计划的变更。一旦运输计划发生变更，某些施工时间和新的列车运行时间会产生重合，为了保证旅客运输生产的安全，可能需要重新安排新的施工计划，这也在一定程度上影响了施工的工期和施工的成本。由此可以看出，施工组织与运输组织在面临不同的实际工况下，二者的协同关系也会发生变化。因此，在客运站改扩建施工中，只有认真研究其施工与运输组织特点，将施工组织和运输组织二者紧密结合，才能制订出合理、可行、经济的施工组织方案，从而保证客运站改扩建施工顺利完成。

如果始终沿用传统的铁路建设施工管理与运输组织方式定式而不寻求突破创新，很难保证如今日趋复杂的工程项目顺利推进，满足生产和运输的现实需要，有效实现项目的综合目标和整体效益。因此，为了切实加强两大组织间的协调管理，建立了施工与运输协同的一体化组织方案。而在运输与施工多种因素的复合作用下，协同方案的最终结果也呈现多样化，为了从中选取出可以应用到实际中的最优方案，研究基于系统协同的一体化组织方案的评价体系十分必要。

## 5.2 多属性决策理论

### 5.2.1 多属性决策的发展过程

多准则决策是指在多个不能互相替代的准则存在下进行的决策，它是由多目标决策和多属性决策两部分组成。在实际应用中，这样的分类能很好地适应解决问题的两个方面：选择和评价问题使用多属性决策方法，设计问题则使用多目标决策方法。

多属性决策的特征是只含有有限个预先制订的方案，满意方案的最后抉出与产生最后决策的属性满足程度有关，最终方案的选择在属性间和属性内进行价值比较与判断得以完成。

1957 年 Churchman，Ackoff 和 Arnoff 等人就开始使用简单加权法来处理多属性决策问题。1968 年 MacCrimmon 在总结多属性决策方法和应用时，才继续研究了许多潜在的有用概念和方法，1973 年他按方法的结构、补偿性、输入偏好等进行了划分。经典多属性决策研究范畴主要沿多属性效用理论和级别优先序理论进行发展，直到 1981 年 Hwang 和 Yoon 才明确地将多准则决策问题分为多属性决策和多目标决策两类，从而分别进行讨论和处理。

1. 多属性效用理论

多属性效用理论在 20 世纪 70 年代发展非常迅速，它起源于简单加权法，并已经发展到拟加权方法和多线性效用函数形式。Fishburn，Huber 和 Farquhar 等人为多属性效用理论撰写了详尽和深入的综述性文章，基于多属性效用理论的经典多属性决策模型可以归结为以下形式。

在决策信息基础上，多属性效用理论的决策方法一般是在属性权重归一化后的量化属性评价值的基础上，通过决策方案的效用函数：

$$U(A_i)=\sum_{j=1}^{n} w_j X_{ij}, i \in M \tag{5-1}$$

集结为综合评价指标，再根据 $U(A_i)$ 值所体现的决策方案优劣来作出决策。其中，$X_{ij}$ 为将 $x_{ij}$ 转换为效益型属性并进行了归一化后的属性评价值，$U(A_i)$ 为决策方案 $A_i$ 的效用函数。针对不同形式的决策问题，决策的准则也不相同：对于选择问题，挑选效用最优的决策方案；对于有序分类问题，按预先定义的不同效用类别对决策方案进行划分；针对排序问题，按照效用大小对决策方案进行排序；至于描述问题，则通过对效用构成分析来对决策方案进行评价，方案选择如表 5-1 所示。

表 5-1　方案选择示意图

| 备选方案 | 属性 | | | |
|---|---|---|---|---|
| | $X_1$ | $X_2$ | $\cdots$ | $X_n$ |
| $A_1$ | $x_{11}$ | $x_{12}$ | $\cdots$ | $x_{1n}$ |
| $A_2$ | $x_{21}$ | $x_{22}$ | $\cdots$ | $x_{2n}$ |
| $\vdots$ | $\vdots$ | $\vdots$ | $\ddots$ | $\vdots$ |
| $A_m$ | $x_{m1}$ | $x_{m2}$ | $\cdots$ | $x_{mn}$ |
| 权重 | $w_1$ | $w_2$ | $\cdots$ | $w_n$ |

2. 级别优先序理论

除了多属性效用理论，多属性决策中另一个重要的研究轨迹就是基于级别优先关系的方法，这类方法从概念界定到定义的提出和特定二元关系的计算都与原始的 ELECTRE 方法的基本思想有或多或少的联系，因此，这类方法又被称为欧洲学派方法或法国学派方法。Brans 提出的 PROMETHEE 方法与 ELECTRE 方法一样，也是建立在级别优先关系上的排序方法。

在决策信息的基础上，基于级别优先关系的决策方法通过在各属性上分别进行方案间的两两比较，获得偏好指标 $f(X_{ij})$ 后，再将比较的结果进行量化，进而由相应的各属性权重得到最终方案间的偏好关系，最后通过：

$$P(A_i)=\sum_{j=1}^{n} w_j f(X_{ij}), i \in M \qquad (5\text{-}2)$$

进行最终决策。其中，建立在相应属性上方案间两两比较的偏好指标 $f(X_{ij})$ 通常是通过方案相互比较矩阵得出的。此时，不同形式的决策问题，相应的决策准则为：对于选择问题，挑选偏好指标最优的决策方案；对于有序分类问题，按预先定义的不同偏好类别对决策方案进行划分；对排序问题，按照偏好值不同对决策方案进行排序；至于描述问题，通过偏好分析来对决策方案进行评价。

## 5.2.2 多属性决策的基本术语

多属性决策是指在一定数量的备选方案上进行偏好决策，如选择、排序、评价等，多属性决策一般具有以下特征。

（1）备选方案：简称为方案，它是决策的客体，在不同的实际问题中，方案的称谓也等同于选项、策略、行动或者候选者。这些方案通常被多个相互冲突的属性所刻画。

（2）多个属性：每个问题都有多个属性，对于每个问题情况，决策者必须产生相应的属性，其多少与问题的性质有关。

（3）不同量纲：每个属性使用不同的测量单位。以汽车选择为例，汽油里程数用每升汽油能使汽车行驶的距离表示，舒适程度用乘客空间来衡量，安全性能使用非数值的方法来指示，费用以花费数额来表示，等等。不同的度量单位使得测度的数值不能直接用于属性整体的比较。

（4）属性权重：几乎所有的多属性决策问题都需要关于每个属性相对重

要性的信息，这些信息通常可由决策者直接以基数或序数的形式提供。

1. 决策矩阵

多属性问题可以用矩阵形式简洁地表示，决策矩阵 $D$ 是 $M\times N$ 矩阵，其中元素 $X_{ij}$ 表示方案 $i(A_i)$ 关于属性 $j(X_j)$ 的评价。如果决策问题的后果评价是用损失表示的，那么决策矩阵也可以称作损失矩阵。

2. 理想方案

在多属性决策问题中，理想方案能够在每个属性上同时最优，其定义如下：

$$A^+=\{X_1^+,X_2^+,\cdots,X_j^+,\cdots,X_n^+\} \tag{5-3}$$

式中，$X_j^+(j\in N)$ 是第 $j$ 个属性的一个可行的最优值。这种方案通常也是不存在的，否则该问题本质上不属于多属性决策问题。在多属性决策中，它是一个假设的方案，由决策矩阵中每个给定属性的最优值确定。应该注意的是，理想方案在多属性决策中是主观的，因此，如果决策者使用非单调的效用函数，确定一个理想的方案是多属性决策研究中的一个问题。虽然理想方案并不存在，但理想方案的概念在多属性决策方案中是必不可少的。

3. 负理想方案

与理想方案恰好相反，负理想方案是在各属性上都具有最差的值。在实际问题中，它可能存在也可能不存在。负理想方案可以表示为

$$A^-=\{X_1^-,X_2^-,\cdots,X_j^-,\cdots,X_n^-\} \tag{5-4}$$

式中，$X_j^-(j\in N)$ 是第 $j$ 个属性的一个可行的最劣值。在多属性决策中，负理想方案和理想方案通常作为参考的基准用以对备选方案进行评价。

4. 属性规范

多属性决策的一个方案通常可以用两类属性来描述：定性属性和定量属性。因而就需要对这两种属性加以比较分析，如何对待这些非同类的标度单元，我们将其称之为测度问题。所谓测度，是指在一定标度下对事物某种属性的测量，是对事物某种属性的数量描述。量的概念一般认为就是数值，其实“量”不仅包括“数值”的多少，还具有更一般的意义，如事物存在与发展的形式、状态、结构、程度、规律等，都是量的存在形式。所谓量化就是将研究客体的有关因素用量的形式表示出来。量可以用数值的形式表示，也可以用逻辑结构来描述。测量的基本目的是在被测事物的特性和对应数值系

统特性之间建立同态关系。

常用标度有名义、序数、区间和比率，其中有 3 种标度方法可以用来衡量数量，即序数、区间和比率。

（1）名义标度：名义标度是最低级的量化形式，它包括用以识别或分类为目的的号码或名称，是通过利用无差异关系产生的。身份证、图书、球队队员等编号都是名义标度。实数可作为名义标度，但任何算术运算均无意义，只可进行统计频数、众数等运算，而对名义标度进行任何单值变换，其表示形式均不变。

（2）序数标度（序标度）：用无差异关系“~”和优先关系“≻”可组合成弱序关系“⪰”来对对象集 $X$ 中的元素进行度量，这样的方法称为序标度。决策的基本步骤是对备选方案进行排序，常用序标度度量备选方案以便排序，如层次分析法的导出标度用的就是序标度。序数标度可以没有自然的原点作为其零点。在测量值上进行算数运算要注意是否为保序变换，除了名义标度允许的众数、频数统计运算外，还可对序数标度求中值、百分比和序相关等，任何单调函数变换都是保序变换。序数标度对实体进行排序，但不能指出排序位置间差别的大小。

（3）区间标度：在对象集 $X$ 中的元素和元素的差均满足二元弱序关系时称为区间标度，用等间隔去测量对象而无自然原点是区间标度的特点。最好的例子就是常说的两种温度计量尺度：华氏温度和摄氏温度。由于温度可用华氏（℉）和摄氏（℃）两种区间标度，0 ℉和 0 ℃表示温度的不同水平。同时，虽然 0 ℃与 32℉和 100 ℃与 212 ℉表示相同的温度，但是 0 ℃/100 ℃≠ 32 ℉/212 ℉。层次分析法中用比较标度，在 1 ~ 9 之间量化相对重要性时，属于区间标度。当对象间的距离或差的“零”点设置后，才允许对区间标度值进行算术运算。除相关系数依赖于“零”的位置外，其余的各种统计运算均可进行，凡 $a\neq0$ 的 $y=ax+b$ 式的线性变换均使区间标度值性质不同。区间标度提供各实体间相等的区间，并用一些唯一的规定来指示实体间的不同。

（4）比率标度：比率标度是有自然原点的区间标度，是最受限制但最有用的测量标度。任何算术运算和统计处理均对其有效，因为比率标度有自然原点，标度改变时其测量值的比保持不变，在 $a\neq0$ 的 $y=ax+b$ 式的数学变换下使比率标度值的精度保持不变。比率标度提供各实体间相等的区间，并且用一些非唯一的规定来指示实体间的不同。比率标度包括质量、容积和价格等。

由于将定性属性转化为比率标度是很难的，绝大多数多属性决策方法使用的是序数或者区间标度，同时定性属性转化为序数标度要比转化为区间标度更加容易。

### 5.2.3 常用的评价方法

目前，多属性决策理论的方法很多，不同方法的原理、特点以及适用范围都不同。根据对其他学者专家研究成果的总结，常用于多属性理论的决策方法主要有层次分析法、模糊综合评判法、灰色关联分析法等。

1. 层次分析法（AHP）

层次分析法（Analytic Hierarchy Process 简称 AHP）是将与决策总是有关的元素分解成目标、准则、方案等层次，在此基础之上进行定性和定量分析的决策方法。层次分析法的特点是在对复杂的决策问题的本质、影响因素及其内在关系等进行深入分析的基础上，利用较少的定量信息使决策的思维过程数字化，从而为多目标、多准则或无结构特性的复杂决策问题提供简便的决策方法，尤其适合于对决策结果难以直接准确计量的场合。但是层次分析法不能为决策提供新的方案，定量数据较少，定性成分多，不易令人信服，指标过多时数据统计量大，权重难以确定，特征值和特征向量的精确求法比较复杂。

2. 模糊综合评价法

模糊综合评价法是一种基于模糊数学的综合评价方法。该综合评价法根据模糊数学的隶属度理论把定性评价转化为定量评价，即用模糊数学对受到多种因素制约的事物或对象作出一个总体的评价。它具有结果清晰，系统性强的特点，能较好地解决模糊的、难以量化的问题，适合各种非确定性问题的解决。通过引入隶属度函数，综合考虑众多的影响因素，把定性的评判转化成模糊集合，可以较好地处理综合评判过程中存在的模糊性，但模糊综合评价法计算过程较为复杂，对指标权重矢量的确定主观性较强，评价结果仍具有主观性。

3. 灰色关联分析法

灰色关联分析法是根据因素之间发展趋势的相似或者相异程度，亦即“灰色关联度”，作为衡量因素之间关联程度的一种分析方法。根据发展趋势的相似情况判断因素之间的接近程度，通过量化分析系统的变化过程，计算关联度大小。灰色关联度分析对于一个系统发展变化态势提供了量化的度量，对于动态历程分析较为适用。其优点是对样本量的大小没有要求，而且计算量小。但过度依赖于实际数据，缺乏专家主观意识的体现。

4. 线性加权和法

线性加权和法是一种评价函数方法，是按各目标的重要性赋予它相应的权系数，然后对其线性组合进行寻优的求解多目标规划问题的方法。利用线性加权和法计算多目标决策问题的目标函数值，经过比较，决定最终方案。线性加权和法的计算过程简单易懂，包含全部原始数据指标变量线，但是线性加权和法通常都采用主观权重，人为色彩较浓、客观性较差、计算量较大，最主要的是该方法无法反映某些评价指标所具有的突出影响，从而有可能导致评价结果的失真。

5. 基于理想解的排序法（TOPSIS）

通过构造目标的正负理想解，根据评价对象接近理想解的程度作为方案排序的依据。基本过程为先将原始数据矩阵统一指标类型得到正向化的矩阵，再对正向化的矩阵进行标准化处理以消除各指标量纲的影响，并找到有限方案中的最优方案和最劣方案，然后分别计算各评价对象与最优方案和最劣方案间的距离，获得各评价对象与最优方案的相对接近程度，以此作为评价优劣的依据。该方法对数据分布及样本含量没有严格限制，数据计算简单易行，能充分利用原始数据的信息，其结果能精确地反映各评价方案之间的差距。因此本文采用基于理想解的排序法实现对待选方案的评价。

### 5.2.4 数据的统一处理方法

1. 数量化

在进行定性比较时，各对方案间的属性值应该比较接近，否则定性定量分析意义不大。如个别情况下属性值之间相差过大时，应将“过大的”分解、“过小的”聚合。当被比较的属性值比较接近时，通常人们的判断趋于用相等、较好、好、很好和最好这类语言表达，类似的有较差、差、很差和最差等共 9 个定性等级。

定性属性必然由于关系错综复杂才不能形式化，所以通过人的比较判断得到的量化值，大多用于序数标度，任何单调变换都是允许的保序变换，少数情况能达到区间标度，亦可以进行任何的线性变换。因此量化后的数值范围取在实数轴的任一个区间均可，为了习惯与方便，推荐取 0 ~ 10 之间的整数，其对应关系如表 5-2 所示。极端值 0 和 10 通常不用，留给极为特殊的情况使用。

表 5-2 定性等级量化表

| 1 | 2 | 3 | 4 | 5 | 6 | 7 | 8 | 9 |
|---|---|---|---|---|---|---|---|---|
| 最差 | 很差 | 差 | 较差 | 一般 | 较好 | 好 | 很好 | 最好 |

为了便于利用属性进行决策，有必要对定性属性进行转换。例如，可以选择 10 分制，并以某种方法加以测量。可以先赋予实际的最大值 10 分，最小值 0 分，中间值通常采用 MacCrimmon 提出的两级比例标度法将定性属性转换为区间标度的定量属性。需要注意的是，不同属性值的合成意味着每个属性两个特定值之间的差距是相同的。

显然，这样的赋值方法并非唯一的，其他方法也是可行的，如 5 标度法使用“很差”“差”“一般”“好”“很好”。必要时也可以加入一致性验证，但这样的验证通常使赋值过程变为极其主动的过程，需要决策者处理很多假设的问题。

2. 标准化

目前研究中常用的属性类型有效益型、成本型、固定型、区间型、偏离型和偏离区间型属性。效益型属性是指属性值越大越好的属性；成本型属性是指属性值越小越好的属性；偏离型属性是指属性值越接近某个固定值 $x_j^+$ 越好的属性；区间型属性是指属性值越接近或属于某个固定区间 $[x_{j1}^+, x_{j2}^+]$ 越好的属性，等级划分通常属于此类型属性；偏离型属性是指属性值越偏离某个固定值 $x_j^-$ 越好的属性；偏离区间型属性是指属性值越偏离某个固定区间 $[x_{j1}^-, x_{j2}^-]$ 越好的属性，当属性值落入该区间时有最差评价。

多属性决策中，不同属性的标准化并不是必需的，但对于某些方法来说是必需的，如最大最小法、简单加权法、ELECTRE 法等。标准化可以使计算问题对于决策矩阵不同的单元具备连续性。下面就介绍一下上述 6 类属性标准化的方法。

（1）向量标准化。

这种方法意味着决策矩阵每个列向量按其自己的规则来划分，因此决策矩阵 $R$ 的每个标准化值 $r_{ij}$ 可以计算为

$$r_{ij} = \frac{x_{ij}}{\sqrt{\sum_{i=1}^{m} x_{ij}^2}} \quad (5\text{-}5)$$

这意味着所有的列具有同样的单位向量长度，这使得属性间的比较成为

可能，而它的缺点在于这种方法并不能产生同样长短的度量刻度。每个准则刻度上的最小值和最大值并不相同，这种非线性尺度使直接的比较仍然很困难。这种方法在 ELECTRE 法和 TOPSIS 法中比较常用。

（2）线性刻度转换。

简单的方法是将某个准则结果与其最优值进行比较。

对于效益型属性，$x_{ij}$ 转换的结果是：

$$r_{ij}=\frac{x_{ij}}{x_j^+} \tag{5-6}$$

式中，$x_j^+=\max\limits_{i\in M}x_{ij}$，很明显 $0\leqslant r_{ij}\leqslant 1$，当 $r_{ij}$ 越接近 1 时，结果越令人满意。

对于成本型属性，$x_{ij}$ 可以计算为

$$r_{ij}=1-\frac{x_{ij}}{x_j^+} \tag{5-7}$$

这种方法的优点在于所有的结果都进行了线性转换，结果重要性的相对顺序得到了保留。

当效益型和成本型的准则在决策矩阵中并存时，可以将成本型准则通过转换，作为效益型准则处理，反之也可以。当效益型准则的数目比成本型准则的数目多时，建议将所有属性转换成效益型处理，计算方法如下：

$$r_{ij}=\frac{\dfrac{1}{x_{ij}}}{\max\limits_{i\in M}\left(\dfrac{1}{x_{ij}}\right)}=\frac{\min\limits_{i\in M}x_{ij}}{x_{ij}}=\frac{x_j^-}{x_{ij}} \tag{5-8}$$

式中，$x_j^-=\min\limits_{i\in M}x_{ij}$。

针对不同类型的属性，还可以用其他方法来计算 $r_{ij}$。

对于效益型属性：

$$r_{ij}=\frac{x_{ij}-x_j^-}{x_j^+-x_j^-},i\in M,j\in N. \tag{5-9}$$

对于成本型属性：

$$r_{ij}=\frac{x_j^+-x_{ij}}{x_j^+-x_j^-},i\in M,j\in N. \tag{5-10}$$

对于固定型属性：

$$r_{ij}=1-\frac{x_{ij}-x_j^+}{\max\limits_i\left|x_{ij}-x_j^+\right|}, i\in M, j\in N. \tag{5-11}$$

对于区间型属性：

$$r_{ij}=\left|x_{ij}-x_j^-\right|-\frac{\min\limits_i\left|x_{ij}-x_j^-\right|}{\max\limits_i\left|x_{ij}-x_j^-\right|-\min\limits_i\left|x_{ij}-x_j^-\right|}, i\in M, j\in N. \tag{5-12}$$

对于偏离型属性：

$$r_{ij}=\begin{cases}1-\dfrac{\max(x_{j1}^+-x_{ij},x_{ij}-x_{j2}^+)}{\max\limits_i[x_{j1}^+-x_j^-,x_j^+-x_{j2}^+]}, x_{ij}\in[x_{j1}^+,x_{j2}^+] \\ 1, \qquad x_{ij}\notin[x_{j1}^+,x_{j2}^+]\end{cases} \quad i\in M, j\in N \tag{5-13}$$

对于区间偏离型属性：

$$r_{ij}=\begin{cases}\dfrac{\max(x_{j1}^--x_{ij},x_{ij}-x_{j2}^-)}{\max\limits_i[x_{j1}^--x_j^-,x_j^+-x_{j2}^-]}, x_{ij}\notin[x_{j1}^-,x_{j2}^-] \\ 0, \qquad x_{ij}\in[x_{j1}^-,x_{j2}^-]\end{cases} \quad i\in M, j\in N \tag{5-14}$$

这种方法的好处是对于每类属性度量出来的属性值严格从 0 到 1 变化，0 表示最差的状态，1 表示最好的状态。这种刻度转换方法不会带来结果上比例差异的改变。

### 5.2.5 权重设置的方法

绝大部分多属性决策问题需要关于每个属性相对重要性的信息，常用标准化处理后和为 1 的一组数来表示权重。如有 $n$ 个属性，权重向量为

$$w^{\mathrm{T}}=(w_1,w_2,\cdots,w_j,\cdots,w_n),\quad \sum_{j=1}^{n}w_j=1 \tag{5-15}$$

Echenrode 总结了 6 种采集决策者判断属性相对值的方法，但对于单个决策者，需要更精练的方法生成小的统计样本来代替大的。以下介绍两种方法：特征向量法以及需要将决策矩阵作为输入的信息熵方法。

1. 特征向量法

Saaty 引入了一种使用正数的成对比较矩阵的特征向量原理进行测量的

比率方法，它由决策者对两个比较对象（属性或方案）相对重要程度进行判断，判断的次数为 $n$（$n$-1）/2，可以允许一些判断的不一致性。

令矩阵 $A$ 为

$$A=\begin{bmatrix} a_{11} & a_{12} & \cdots & a_{1n} \\ a_{21} & a_{22} & \cdots & a_{2n} \\ \vdots & \vdots & \ddots & \vdots \\ a_{n1} & a_{n2} & \cdots & a_{nn} \end{bmatrix}=\begin{bmatrix} \frac{w_1}{w_1} & \frac{w_1}{w_2} & \cdots & \frac{w_1}{w_n} \\ \frac{w_2}{w_1} & \frac{w_2}{w_2} & \cdots & \frac{w_2}{w_n} \\ \vdots & \vdots & \ddots & \vdots \\ \frac{w_n}{w_1} & \frac{w_n}{w_2} & \cdots & \frac{w_n}{w_n} \end{bmatrix} \tag{5-16}$$

这就是正互反矩阵，它所有的元素都是正的，并且对于任意 $i,j,k=1,2,\cdots,n$ 都有性质 $a_{ij}=\dfrac{1}{a_{ji}}=\dfrac{a_{ik}}{a_{jk}}$。

$A$ 乘以 $w=(w_1,w_2,\cdots,w_n)^{\mathrm{T}}$ 得

$$Aw=\begin{bmatrix} \frac{w_1}{w_1} & \frac{w_1}{w_2} & \cdots & \frac{w_1}{w_n} \\ \frac{w_2}{w_1} & \frac{w_2}{w_2} & \cdots & \frac{w_2}{w_n} \\ \vdots & \vdots & \ddots & \vdots \\ \frac{w_n}{w_1} & \frac{w_n}{w_2} & \cdots & \frac{w_n}{w_n} \end{bmatrix}\begin{bmatrix} w_1 \\ w_2 \\ \vdots \\ w_n \end{bmatrix}=n\begin{bmatrix} w_1 \\ w_2 \\ \vdots \\ w_n \end{bmatrix}=nw \tag{5-17}$$

或

$$(A-nI)w=0 \tag{5-18}$$

通常 $w_i/w_j$ 的准确值是未知的，因此决策者判断不能使等式完全满足。在矩阵中，参数小的扰动会给特征值带来扰动。如果定义 $A'$ 和 $w'$ 分别作为决策者对 $A$ 和 $w$ 的估计，那么

$$A'w'=\lambda_{\max}w' \tag{5-19}$$

式中，$\lambda_{\max}$ 是 $A'$ 的最大特征值，$w'$ 可以通过求解上述线性等式得到。

2. 信息熵方法

当获得决策矩阵的数据后，熵法和 LINMAP 可以用来评估权重，熵在社会科学中已经是一个重要的概念，而且在信息理论中熵还可以测量某个信息

中期望的信息含量。在信息学中，熵是不确定性的一个指标，用离散的概率分布 $P_i$ 来表示，它认为一个广泛的分布比具有明显峰值的分布表示更不确定。Shannon 给出的表示方法如下：

$$S(P_1,P_2,\cdots,P_n)=-k\sum_{j=1}^{n}P_j\ln P_j \tag{5-20}$$

式中，$k$ 是正的常数，当所有的 $P_i$ 对于任意给定的 $i$ 相等时，$P_i=1/n$，$S(P_1,P_2,\cdots,P_n)$ 取得最大值。

由于决策矩阵包含一定量的信息，熵法就可以作为确定属性权重的一种工具，尤其是对于具有反差信息的数据集时，熵理论显得十分有用。例如，在以某个准则看来，所有的方案具有同样的结果时，这个准则起到的作用就很小，当所有的方案在此准则下无差异时，这个准则甚至可以省去。

由于一个方案的评价 $X_{ij}$ 包含特点的信息，方案由 $j$ 属性判断的信息可以用熵值来度量。然而 $x_{ij}$ 的意义是由所有方案对于 $j$ 属性不同的评价决定的，所以 $X_{ij}$ 应该按照所有方案对于 $j$ 属性的平均内涵信息来修改。

考虑 $m$ 个方案、$n$ 个属性的多属性决策问题的决策矩阵 $D$：

$$D=\begin{matrix} \\ A_1 \\ A_2 \\ \vdots \\ A_m \end{matrix}\begin{matrix} X_1 & X_2 & \cdots & X_n \\ \left[\begin{matrix} x_{11} \\ x_{21} \\ \vdots \\ x_{m1} \end{matrix}\right. & \begin{matrix} x_{12} \\ x_{22} \\ \vdots \\ x_{m2} \end{matrix} & \begin{matrix} \cdots \\ \cdots \\ \ddots \\ \cdots \end{matrix} & \left.\begin{matrix} x_{1n} \\ x_{2n} \\ \vdots \\ x_{mn} \end{matrix}\right] \end{matrix} \tag{5-21}$$

方案关于属性 $j$ 的评价 $X_{ij}$ 定义为

$$X_{ij}=\frac{x_{ij}}{\sum_{i=1}^{m}x_{ij}},\forall i,j \tag{5-22}$$

方案关于属性 $j$ 的熵 $E_j$ 为

$$E_j=-k\sum_{i=1}^{m}P_{ij}\ln P_{ij},\forall j \tag{5-23}$$

这里的 $k$ 表示一个常量，$k=1/\ln m$，这保证了 $0\leqslant E_j\leqslant 1$。

信息偏差度 $d_j$ 定义为

$$d_j=1-E_j \tag{5-24}$$

如果决策者没有属性间的偏好，根据不确定理论可以认为这 $n$ 个属性具有相同的偏好，因此，代替平均权重的最好方法是定义权重 $w_j$ 的值为

$$w_j = \frac{d_j}{\sum_{j=1}^{n} d_j}, \forall j \tag{5-25}$$

如果决策者对于属性具有偏好，认为主观权重为 $\lambda_j$，那么可以利用 $w_j$ 进一步修正权重，得到比较准确的估计 $w_j^0$：

$$w_j^0 = \frac{\lambda_j w_j}{\sum_{j=1}^{n} \lambda_j w_j}, \forall j \tag{5-26}$$

综上所述，在一体化组织方案评价过程中，涉及系统内外多种影响因素指标，这些指标的优劣往往具有各自的衡量标准，而最终一体化组织方案评价也是根据这些指标展开分析讨论，通过数学模型归一化、加权、综合计算，将综合判断结果定量化。这种多指标判断带有的个人偏重往往是问题的核心所在，只能按指标分类讨论，或是带有主观性的综合评定，因此通过上述主要评价方法各自的优劣分析，我们选用基于理想解的排序法作为主要评价方法，而将多目标决策方法引入一体化组织方案评价中，归一化使各指标处于同一量纲便于比较，加权分配各指标重要程度使评价更贴近实际，而综合计算则对一体化组织方案评价结果有了一个更直观的表达，方便比较研究。鉴于此，本书首先分析铁路营业线施工对于行车组织系统哪些属性有影响及影响程度，构建面向营业线施工的行车组织扰动因素指标体系，其次基于该指标体系，运用熵权法和 TOPSIS 法建立施工方案比选模型，最后以国内某新建高速铁路引入既有枢纽车站施工为例进行实例分析，以期为今后既有线施工组织与行车组织的协同优化研究提供思路。

## 5.3 基于多属性决策方法的站改施工与运输调整一体化方案评价

### 5.3.1 施工条件下行车组织扰动分析

由于施工对于行车组织的影响因素众多，目前尚无一套公认的评价指标体系，因此，我们先挖掘整理了文献中的相关高频指标，并对梳理出的指标

进行皮尔逊相关分析，剔除其中相似度较高的因素，在假设某高速铁路车站 A 进行大规模站场改造的模拟场景下，分别讨论区间、车站以及客运服务相关因素的扰动情况。

#### 5.3.1.1 指标体系建立原则

（1）指标设置时应充分体现高速铁路行车组织在施工状态下各方面属性状态。

（2）应充分体现高速铁路行车组织系统与普速铁路在施工方面的不同之处。

（3）所建立的指标体系在数据获取方面应当具有一定的简便性。

#### 5.3.1.2 施工状态下区间扰动分析

区间作为列车流在高速铁路行车组织系统中占用的主要资源，在施工状态下列车流在区间内的时空结构必然会受到影响。

区间限速扰动是指施工状态下存在列车区间临时限速的情况，定义限速扰动时长为 $t_{限速}$，表示 $n_{限速}$ 列列车限速，其限速与原速在相同运行距离下所需时长总的差额范围，其表达式为

$$t_{限速} = \sum_{i}^{n_{限速}} \frac{d_{限速}(v_i^{原} - v_i^{限})}{v_i^{限} v_i^{原}} \tag{5-27}$$

式中，$d_{限速}$ 表示限速状态下列车 $i$ 的走行距离；$v_i^{原}$ 表示列车 $i$ 在无限速时的原有速度；$v_i^{限}$ 表示列车 $i$ 当前限制速度。

#### 5.3.1.3 施工状态下车站扰动分析

1. 平行进路数损失

施工过程中咽喉区和到发线的封锁对于车站安排列车进路难易程度的影响可以用车站咽喉区平行进路数量的变化来反映。定义 $p_c^{损}$ 为封锁状态为 $c$ 时，平行进路损失的数量，其表达式为

$$p_c^{损} = p_{原} - p_c \tag{5-28}$$

式中，$p_{原}$ 为车站无施工状态下的原有的咽喉区平行进路数量；$p_c$ 为车站封锁状态为 $c$ 时咽喉区平行进路数量。

2. 车站通过能力损失

施工对于车站通过能力具有一定的影响，而当前对于高速铁路车站通过

能力的计算并没有一套通用的算法，因此本文引用周妍文中通过列车流的车站密集到发特征的含义来模糊反映施工对于车站通过能力的影响，即在任意一个连续时间段连续发车的列车中存在以最小安全间隔时间为发车间隔时间的运行列车组，则在时段内，车站当前走行的列车流有密集到发的特点。

定义某时段$T=[t,t+n]$车站状态（进路封锁、部分列车停开等）下，具有密集到发特点的列车组共有$m_{施}$个，同时段无施工状态下的具有密集到发特点的列车组共有$m_{原}$个，则

$$m_{密}=m_{施}-m_{原} \tag{5-29}$$

式中，$m_{密}$表示施工影响下密集到发列车组数变动。

3. 施工天窗属性

车站在不同状态下所开设天窗的类型以及时长都不尽相同，所能提供的有效施工时长不同，进而影响总工期，总工期越长对于车站日常运营的影响越大。因此，定义车站当前状态下某施工阶段内所设天窗所能提供的有效施工时长的平均值为$t_{窗}$，其中，$t_{窗}$的值越大，则施工对于车站日常作业的影响越小。

### 5.3.1.4 施工状态下旅客服务扰动分析

1. 旅客列车服务频率

在施工规模较大或特殊情况下，会导致运行计划层面的列车停开，因此定义 A 站始发停开列车数量和途经停开列车数量分别为$n_{始停}$和$n_{途停}$以及旅客列车服务频率扰动$f_{停开}$，其表达式为

$$f_{停开}=\sum(n_{始停}\times n_{编}\times\theta_{定}+n_{途停}\times n_{剩}) \tag{5-30}$$

式中，$n_{编}$为列车编组数量；$\theta_{定}$为车辆定员；$n_{剩}$为列车途经 A 站所能提供的服务空缺。

2. 旅客换乘

施工状态下列车时刻表及车站径路计划的重新排布对于旅客换乘具有一定的影响。因此定义总换乘额外时间$t_{换}$为某时段内若干组具有换乘接续关系的列车的车站到发间隔时间减去必要的客运作业停站时间的和。根据定义，$t_{换}$的值应当处于一个合理的范围，过短会影响旅客换乘，而过长则会影响车站的正常作业，该范围由各车站根据自身情况而定，本章将这一参数按照正向指标处理。

### 5.3.2 模型建立

1. 比选指标确定

建立施工状态下行车组织扰动指标体系，包括 3 类共 6 项指标，如图 5-1 所示。

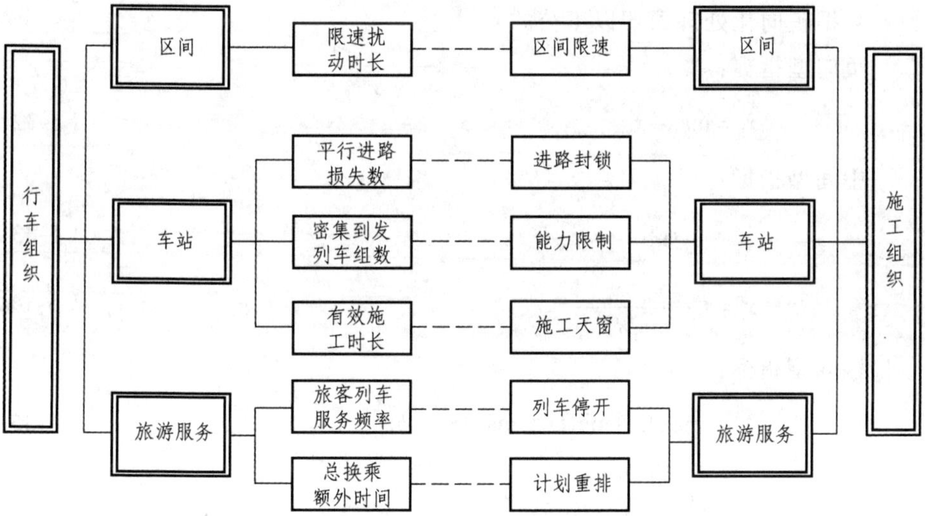


图 5-1 施工状态下行车组织扰动指标体系

2. 数据预处理

（1）对相关的扰动指标按照正负向进行划分，结果如表 5-3 所示。

表 5-3 扰动指标正负向划分结果

| 指标＼指向 | | 正向 | 负向 |
|---|---|---|---|
| 区间 | 限速扰动时长 | | √ |
| 车站 | 平行进路损失数 | | √ |
| | 密集到发列车组数 | | √ |
| | 有效施工时长 | √ | |
| 旅客服务 | 旅客列车服务频率 | | √ |
| | 总换乘额外时间 | √ | |

（2）数据正向化及标准化处理。

假设共有 $n$ 个待评价施工方案，每个方案都有 $m(m=6)$ 个评价指标，则构

造原始数据矩阵为

$$X_{nm}=\begin{bmatrix} x_{11} & x_{12} & \cdots & x_{1m} \\ x_{21} & x_{22} & \cdots & x_{2m} \\ \vdots & \vdots & \ddots & \vdots \\ x_{n1} & x_{n2} & \cdots & x_{nm} \end{bmatrix} \tag{5-31}$$

数据正向化处理参照以下公式：

负向型指标：

$$\tilde{x}_i = \max - x_i \tag{5-32}$$

中间型指标：

$$M = \max\{|x_i - x_{best}|\} \tag{5-33}$$

$$\tilde{x}_i = 1 - \frac{|x_i - x_{best}|}{M} \tag{5-34}$$

区间型指标：

$$M = \max\{a - \min\{x_i\}, \max\{x_i\} - b\} \tag{5-35}$$

$$\tilde{x}_i = \begin{cases} 1 - \dfrac{a - x_i}{M} & , x_i < a \\ 1 & , a \leqslant x_i \leqslant b \\ 1 - \dfrac{x_i - b}{M} & , x_i > b \end{cases} \tag{5-36}$$

对数据进行标准化处理，采用模标准化的方式：

$$\hat{x}_{nm} = \frac{x_{nm}}{\sqrt{\sum_{i=1}^{n} x_{nm}^2}} \tag{5-37}$$

得到最终正向标准化矩阵如下，其中定义 $z_{ij}$ 表示该矩阵中第 $i$ 行第 $j$ 列的元素。

$$Z_{nm}=\begin{bmatrix} z_{11} & z_{12} & \cdots & z_{1m} \\ z_{21} & z_{22} & \cdots & z_{2m} \\ \vdots & \vdots & \ddots & \vdots \\ z_{n1} & z_{n2} & \cdots & z_{nm} \end{bmatrix} \tag{5-38}$$

3. 指标权重确定

（1）计算第 $j$ 个指标中第 $i$ 项指标值比重：

$$p_{ij} = z_{ij} \Big/ \sum_{i=1}^{m} z_{ij} \tag{5-39}$$

（2）计算第 $j$ 个指标的熵值：

$$e_j = -\frac{1}{\ln m}\sum_{i=1}^{m} p_{ij} \cdot \ln p_{ij} \tag{5-40}$$

（3）计算第 $j$ 个指标的熵权：

$$q_j = (1-e_j) \Big/ \sum_{j=1}^{m}(1-e_j) \tag{5-41}$$

4. TOPSIS 模型

（1）确定绝对理想解和绝对负理想解。

绝对理想解 $Z^+$ 计算表达式为

$$\begin{aligned} Z^+ &= (\max\{z_{11}, z_{21}, \cdots z_{n1}\}, \max\{z_{12}, z_{22}, \cdots z_{n2}\}, \cdots, \max\{z_{1m}, z_{2m}, \cdots z_{nm}\}) \\ &= (Z_1^+, Z_2^+, \cdots, Z_m^+) \end{aligned} \tag{5-42}$$

绝对负理想解 $Z^-$ 计算表达式为

$$\begin{aligned} Z^- &= (\min\{z_{11}, z_{21}, \cdots z_{n1}\}, \min\{z_{12}, z_{22}, \cdots z_{n2}\}, \cdots, \min\{z_{1m}, z_{2m}, \cdots z_{nm}\}) \\ &= (Z_1^-, Z_2^-, \cdots, Z_m^-) \end{aligned} \tag{5-43}$$

（2）计算评价方案到理想解的欧式范数：

$$D_i^+ = \sqrt{\sum_{j=1}^{m} q_j (Z_j^+ - z_{ij})^2} \tag{5-44}$$

$$D_i^- = \sqrt{\sum_{j=1}^{m} q_j (Z_j^- - z_{ij})^2} \tag{5-45}$$

（3）计算各评价方案的相对贴近程度：

$$C_i^{贴} = \frac{D_i^-}{D_i^+ + D_i^-} \tag{5-46}$$

（4）按照相对贴近程度的值，对评价方案进行排列，相对贴近程度取值越大则该方案越优，反之则越劣。

# 第 6 章　站改施工与运输组织协同优化决策支持系统设计

本章对站改施工与运输组织协同优化决策支持系统开展设计分析。本系统的功能定位于一个辅助铁路局和施工方进行施工方案决策的分析应用平台。根据需求分析，系统设计面向人机交互、方案优化和方案评估。

1. 协同优化决策支持系统设计的目标

协同优化决策支持系统将实现如下目标：

首先，支持各种形式的施工和行车基础数据的人工录入、自动采集和表格导入等，并对数据质量进行校验，保证数据的及时性、完整性和准确性。

其次，能将 WEB 技术、数据中心、专家知识决策融入系统中，实现人机有机结合和智能高效的数据组织、存储、共享和管理，能够生成丰富的决策信息。同时，应具有较好的普适性和可扩充性，可根据需求动态调整、分析和评价的对象、主题、指标及其模型与方法。

最后，具有良好的人机交互接口，支持灵活的查询条件和组合方式获取各类决策信息，并能以文档、表格、饼状图、柱状图和折线趋势图等多种形式直观地展示具体方案及其评价结果，使其更加人性化、更加美观、操作更加便捷。

2. 协同优化决策支持系统设计的原则

系统分析的目的是解决该系统需要完成什么任务的问题，而在对系统进行设计时就是解决该系统怎么完成这些任务的时候了。想要在这个阶段取得成果就必须能够分清此刻的主导事件，并且按逻辑模型的要求将信息区别开来分类处理，再使用现阶段能采用的技术能力完成系统功能的实现。为保证站改施工与运输组织协同优化决策支持系统设计过程中各个子功能模块的相互联系性、互不干扰性和合理性，须在系统设计过程中尽量遵守以下相关准则：

（1）科学先进性：进行系统研究设计时，要最大限度地汲取相同类别系统设计时的先进经验，同时利用高效的系统设计方法和先进的研发技术，以新时期的现代化计算机技术为支持，逐步完善系统的功能，并留下能够灵活地对系统进行扩展的余地，考虑电子信息技术更新换代周期短的特点，同时争取将系统的先进性体现在能够与时俱进上这一点，让系统能够长时间运用得到保障。

（2）可靠性：系统在受到外界的影响或干扰时，要能有基本的防御能力，并能及时从外界造成的影响中恢复出来，如病毒防御、密码保护、纠正错误等能力。系统设计在安全等级、交叉验证、网络安全、权限控制等多个环节应采取有效措施，保证系统的整体安全可靠。

（3）集成性：系统的设计充分考虑到现有的技术特点以及未来的功能要求，利用微软 Net 平台提供的多种集成技术，使整个系统既能实现现有的功能，又能够适应未来的需求和技术要求，同时为了与第三方系统集成，系统采用面向服务架构通过标准数据交换接口与第三方系统交换信息，实现系统之间的集成。

（4）整体最优性：因为站改施工与运输组织协同优化涉及若干不同的优化问题，这就要求在进行系统设计时深入挖掘各个部分之间的联系，研究其内在关系，使系统总体的效果实现最优。

（5）适用性：系统将会应对不同的数学模型和方案评价的指标，对象的不同状态是具有相对独立性的，不可能根据一套数据，一些简单的模型来测量和计算。对实时得到的数据进行科学地梳理，将数据依据相应的位置、依据一定的规则进行分类，进而对数据进行归类整理，经过协商之后构造出相应的决策支持方案。

（6）开放性：系统全面支持 XML，SOAP，WEB SERVICE 等当前受到普遍支持的开放标准，这就保证了系统能够与其他平台的应用系统、数据库等相互交换数据并进行应用级的互操作和互连性。

## 6.1　协同优化决策支持系统的工作机理

### 6.1.1　工作流程描述

总体框架是对协同优化决策支持系统的静态描述，而工作过程则是对其的动态描述。基于前面构建的总体框架，本节构建了一个协同优化决策支持系统的工作过程示意图，如图 6-1 所示。协同优化决策支持系统的工作过程可以分为决策任务输入、知识需求定制、群体协同交互过程和协同决策输出 4 个阶段。

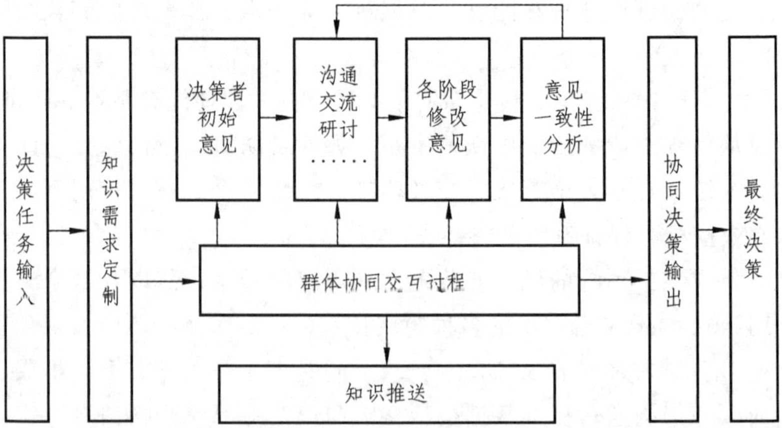


图 6-1　协同优化决策支持系统的工作过程

1. 决策任务输入

这个阶段决策支持系统记录并处理与决策任务相关的信息，包括识别决策问题、明确决策目标、收集数据、决策约束条件、决策准则等信息。现有研究中一个主流的、并被认可和应用的任务分类方案把任务分为 4 类：行为描述任务、能力需求任务、行为任务和行为需求任务。本文所研究的任务并非所有的任务，而是行为需求任务中的任务，特别是在一个组织中的群体决策任务。

2. 知识需求定制

这一阶段为知识推送提供指导和准则，决策支持系统根据决策者提交的数据，基于本书第 3 章建立的模型分析并处理信息，将其结构化后存储到数据库中，并将这些信息与相应的决策成员关联起来。这个阶段是下一阶段中知识推送的必要前提和准备。

3. 协同交互过程

这个阶段是协同优化决策支持系统工作过程的核心部分。系统首先将根据上一阶段信息求解获得的优化方案反馈给决策者，并记录决策成员的初始意见；然后为群体成员提供协同交互的虚拟空间，群体成员利用这一虚拟空间进行信息沟通、意见交流和方案研讨。经过一轮的群体交互，个体成员形成对决策问题新的意见，即修改意见。协同优化决策支持系统针对每一轮的群体意见进行一致性分析，如果达到一致性要求，则进入下一个阶段——协同决策输出；否则，决策群体进行下一轮的交互过程，做更深层次的信息交流和知识共享，直到群体意见达到一致性要求为止。因此，群体协同交互的过程是一个迭代的，反复的过程，同时也是一个递进的，收敛的过程。需要指出的是，在整个群体协同交互过程中，系统将实时推送改进后的方案给群体成员，从而提高组织知识利用和知识转移的效率，也为个体成员更好地理解其他成员的意见和分析决策问题提供良好的支持。

4. 协同决策输出

协同决策输出的结果总体上分为 3 个部分：一是最终制订的决策，这也是输出结果最主要最重要的部分，其余两个输出结果是对决策成员的影响和对组织的影响。对成员的影响主要包括决策成员对最终决策的态度接受、理解、满意和充分信任和对群体协同决策过程的态度满意、愿意协作和愿意将来参与两个方面；对组织的影响有对组织阶层领导、组织文化和组织结构的影响等。

### 6.1.2 工作机理分析

经过对协同优化决策支持系统设计目标和原则、工作过程和功能模块的分析，下面对这些内容加以整合，以 Petri 网的形式简要说明决策支持系统的工作机理，并对信息管理系统的架构进行比较分析。

Petri 网的概念是由德国科学家 C.A. Petri 首先提出来的，现已广泛地应用于软件工程、人工智能、形式语言、柔性制造系统、系统、复杂系统和管理科学等领域。Petri 网模型是一个基于图的数学形式化描述模型，具有严密的数学基础和易于理解的图形表示特征，适合分析离散并发、协同操作的处理系统。下面给出 Petri 网的形式化定义。

Petri 网可以用一个 3 元组表示：$N=(S,T,F)$。其中，$S$ 和 $T$ 分别表示为 $N$ 的库所集和变迁集，$F$ 为流关系。库所和变迁又称为 $S_$元和 $T_$元。

网络运行模式的信息管理系统架构主要包括两种：客户机服务器结构（英语全称为 Client/Server，简称 C/S）和浏览器/服务器结构（英语全称为 Browser/Server，简称 B/S）。

1. C/S（客户机/服务器）结构

C/S（客户机服务器）结构把任务分为两部分，一部分是由前端客户机

（Client）运行应用程序，完成数据处理和数据表示，提供用户接口。另一部分由后台服务器（Server）提供数据库、通信服务、文件服务等核心功能。客户机通过远程调用或者是直接请求应用程序提供服务。服务器执行完要求的功能后，将结果返回给客户机，通过网络实现客户机和服务器的协同工作。结构在技术上虽然很成熟，但仍需要针对不同的操作系统开发不同版本的软件，由于信息产品的更新换代十分迅速，较难适应数量众多的局域网用户同时使用，而且该结构存在效率低、灵活性差、升级困难、维护工作量大等缺陷。

2. B/S（浏览器/服务器）结构

B/S（浏览器/服务器）结构是 WEB 兴起后的一种网络结构模式，它把用于实现系统目标的最主要部分聚集到服务器上，使得系统研发、维护和使用的过程得到相当大程度的简化。客户机只需安装如 Internet Explorer 的浏览器，服务器安装 SQL Server、Sybase 或 Oracle 等数据库，浏览器通过 Web Server 同数据库进行数据交互。在 B/S 结构组成中，客户端由浏览器提供用户接口，产生命令请求，接受传递 WEB 页面数据，Web Server 接收客户端请求，并将该请求转换为 SQL 的语句，传递给数据库服务器，数据库服务器执行后将结果返回给 Web Server，Web Server 将结果生成浏览器识别的格式返回到客户端的浏览器上。B/S（浏览器/服务器）结构具有良好的开放性和可扩充性，升级方便，维护简单。同时客户浏览器只跟 Web 服务器交换数据，数据安全性较高。

相对于 C/S 结构应用来讲，B/S 结构应用范围更广，因为 B/S 结构应用可以在广域网上进行建立，只要有浏览器和操作系统就可以，不必建立专门的网络硬件环境，而且其响应速度和安全性的要求都比较高。通过对 B/S 结构和 C/S 结构优劣性进行对比，可以预见以 B/S 体系架构为基础的应用系统在未来的发展态势。B/S 结构应用系统建立在广域网上，可以不受地域、时间和操作系统的限制，还可以针对不同的用户使用。将系统建立在浏览器上，可以快捷方便地与用户进行交流，使用户的使用难度大大降低，也使系统的开发成本得到降低。开发 B/S 结构系统并且实现了对它的无缝升级，使系统维护开销得到有效降低，因此本系统采用 B/S 结构。

## 6.2 协同优化决策支持系统的体系结构

根据系统设计需求分析与构建目标和原则，站改施工与运输组织协同优化决策支持系统总体架构采用五库结构体系，即模型库、数据库、方法库、知识库、多媒体库，由人机交互管理系统、数据库管理系统、模型库管理系统、方法库管理系统、知识库管理系统 5 个子系统组成，总体结构如图 6-2 所示。

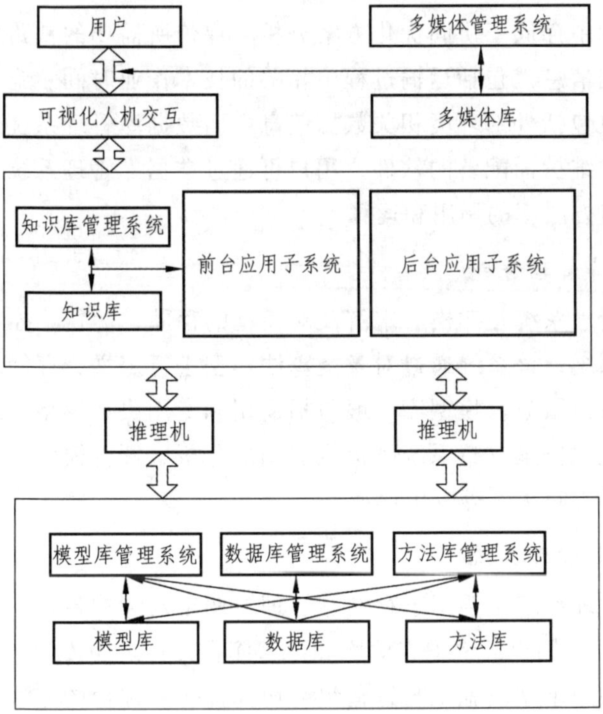


图 6-2 站改施工与运输组织协同优化决策支持系统体系结构

1. 人机交互系统

人机交互系统指决策支持系统的人机交互界面，是决策支持系统（DSS）的重要组成部分，其负责在操作者或决策者、数据库、模型库、方法库、知识库之间传送命令和数据，为系统与终端用户提供交互与通信的界面。人机交互系统通过接收和检验用户请求，提取系统数据及相关功能模块，进而开始模型运行、数据调用和知识推理，为运营综合绩效评价和监控提供决策服务。该系统中，人机交互主要形式有输入和输出两种路径，其一是数据和信息的人工录入、自动采集和表格导入等，支持数据修改、编辑和删除等功能，也提供了专家知识管理系统接口，可以在评价指标、优化模型、分析模型、评价方法上介入专家智慧。其二是数据和信息的输出展示，系统应通过多媒体库及其管理系统的设计提供丰富友好的输出界面和展示平台，方便用户、决策者和其他信息需求者进行查询、浏览及决策等。

2. 数据库管理系统

数据库管理系统的主要功能是存储、管理、提供和维护用于决策支持的数据。数据库中存储了协同优化方案分析、评价所需要的铁路局和施工方内外部各种数据信息，包括运输过程中相关的技术作业时间、施工费用等内部数据信息，也包括外部环境相关数据信息。而数据库管理系统是为数据库的建立、使用和维护而配备的软件，用户可通过数据库管理系统进行数据访问以及模型库与方法库的调用和运算。

3. 模型库管理系统

模型库管理系统是建模、求解及对模型的存储、运行、控制进行管理的计算机软件系统，该系统通过对各类算法模型进行定义、存储、调用及维护等操作为决策而服务。模型库一般包括通用和专用决策模型，站改施工与运输组织协同优化决策支持系统既提供通用的分析、评价模型，更提供站改施工与运输组织协同优化等专用模型。

4. 方法库管理系统

方法库管理系统主要用于存储、管理、调用及维护各种算法和方法。在DSS 设计中，人们也经常把方法库和模型库合并称之为模型方法库，简称模型库。本文将用于站改施工与运输组织协同优化和评价的方法单独设计为方法库，内置指标筛选、确权、分部评价和综合评价等多种方法，以备调用。

## 6.3 协同优化决策支持系统的功能模块及设计

### 6.3.1 数据库及其管理系统设计

数据库是 DSS 的关键部分，它负责存储、组织和管理整个决策支持系统的数据信息。数据库是为了有效地把操作型数据集成到统一的环境中以提供决策型数据访问的各种技术和模块的总称，所做的一切都是为了让用户更快更方便查询所需要的信息，提供决策支持。

数据库提供了一个战略性的数据架构以实现决策分析。数据类型一般可以分为结构化数据、非结构化数据、空间地理数据。其中结构化数据又可分为元数据和编码、业务数据、流程数据；非结构化数据可划分为文件数据、媒体数据；空间地理数据可划分为地理信息数据、业务坐标数据。

本书根据对数据的处理功能不同将数据库分为 3 部分：数据获取层、数据存储层和数据应用层。

（1）数据获取层是整个数据库数据的来源和获取途径。数据库通过特定的方法与数据源关联，并经过抽取、转换、加载、刷新等功能完成数据抽取和处理过程。协同优化方案的数据类型主要包括 3 个方面：① 站改施工源数据，即各施工环节的基础数据，如来自于基建工程、运行维护、人员设备、安全健康环保等一线业务的人财物基础明细数据，同时也包括物价、电价、行业数据等其他一些外部环境支撑数据等；② 运输组织分析类数据，分析数据是结合源数据的综合计算结果，如平行进路数、车站通过能力、施工天窗属性、旅客列车服务频率等主题分析评价模型数据等。协同优化方案指标类数据，即体现协同优化成果等方面的指标数据，如封锁到发线数、停运和改编组列车总数、调整存放地点动车组组数、受影响旅客列车历史平均客座率、施工投入总人次数、施工投入总机械设备数和施工占用春暑运、节假日运输期限天数、施工总费用和工期等数据，是对业务源数据和指标类数据的汇总分类和重新组织生成的数据。这几类数据可以是历史记录数据也可以是手工输入的新增数据或从其他业务系统实时传输进来的数据。

（2）数据存储层。数据存储是数据库的核心，本文决策支持系统数据中心数据存储主要方式为 ODS、数据仓库、数据集市。

ODS：数据中心也即最初的数据库模型，其特点是数据模型采取贴源设计，数据库结构与业务系统数据库数据结构保持一致，所不同的是 ODS 数据库可以提供数据变化的历史。本文 ODS 数据库中主要临时存储业务源明细数据和指标类历史数据。

数据仓库：简称 EDW，数据仓库负责保存 ODS 区的长期历史明细数据并进行部分数据的轻度汇总，并为分析主题提供应用。

数据集市：简称 DM，以某个应用为出发点而建设的局部 DW 不会全盘考虑企业整体的数据架构和应用，DM 可以基于仓库建设也可以独立建设。数据集市根据不同的分析主题，建立不同主题的数据集市，形成高度汇总的分析主题数据以及指标分析数据。

（3）数据应用层。建立数据仓库的最终目的是供上层应用，因此需要具备可访问性和展示性。运营综合绩效评价和监控决策支持系统数据应用层采用二层结构，分为访问层和展示层，满足不同管控需求。数据库访问层主要用于综合评价、数据分析、协调控制及其他工作数据查询。展示层用于桌面操作系统和大屏及其他户外多媒体展示系统数据访问展示。

1. 前台应用子系统设计

前台应用子系统用于为用户提供直观的应用，主要提供以下几项功能：

（1）站场改造施工成本查询功能。

列项分析和具体测算不同施工工序所需要的成本；查询各施工环节的具体流程；比较和分析施工成本的相关影响因素，以及包括固定成本和变动成本在内的各项成本所占的比例；查询施工方案、完工期的基本信息。

（2）站改施工期间运输组织预测功能。

分析施工期间运输组织的具体情况，综合运用定性和定量相结合的预测方法，动态分析和预测站改施工期间车站运输组织的情况；确定施工因素和其他因素等在内的影响运输组织的各项因素；实现分阶段的运输组织情况比较；显示现场运输情况和计划运输情况差异比较。

（3）协同优化决策支持功能。

根据对输入数据带入模型进行求解所得的计算结果，依据一定的规划方法，动态规划了规划期内的施工方案；统计一段时期内实际运输组织情况，如平行进路数、车站通过能力、施工天窗属性、旅客列车服务频率等信息。

（4）协同优化方案评价功能。

根据上述得到的统计结果，进行定量分析，通过赋值和加权的方法，将各项参数导入数学模型进行计算求解，最终得到各项具体方案的比选结果。并将所得结果以表格的形式呈现出来，更加清晰直观，给予用户更好的使用体验。

（5）人机交互反馈功能。

在使用过程中如果遇到任何问题，可将具体情况写入该数据库，由管理者在系统维护时予以处理和解决。

2. 后台应用子系统设计

后台维护子系统则由管理者操作，建立和维护管理数据库，对数据库数据进行及时编辑和更新，管理数据库数据入库和应用。

### 6.3.2 模型库及其管理系统设计

模型库是提供模型存储和表示模式的计算机系统。在该系统中还包含一个进行模型提取、访问、修改和合成等操作的软件系统，即模型库管理系统。模型库管理主要完成以下功能：模型的存储管理、运行管理和对模型组合的支持。模型存储管理包括模型表示、存储的组织结构、模型查询和维护等；模型运行管理则完成模型程序的输入和编译、模型的运行控制、模型对数据的存取；模型组合涉及模型间的组合结构及数据的共享和传递。在模型库中，模型存储采用模型字典的方式，具体采用模型文件库存储。模型文件是模型库的主体，模型文件库中一般用来存储决策模型的源程序文件、模型的数据文件及模型的描述文件、目标程序文件等。模型字典库与模型文件库一一对应。模型字典库主要是存放在数据库中的模型的索引信息，包括名称、编号、文件名、存储目录、用途、用法等。

本书决策支持系统模型库中分装综合评价模型、协同优化模型。综合评价类模型主要为 CRITIC-TOPSIS 评价模型及其他储备评价模型等；协同优化类模型包括距离型协调度模型、变化型协调度模型、综合型协调度模型、合作型协同优化模型、竞争型协同优化模型等。

### 6.3.3 方法库及其管理系统设计

方法库管理提供了下列功能：方法建立、方法查询、方法修改、方法删除。各种方法通过方法字典统一管理，方法字典的结构为：编号+方法名称+对应的模型名称+调用条件+求解程序名称。本书决策支持系统方法库可以分为指标筛选类方法、指标确权类方法、综合评价类方法。指标筛选方法有德尔菲法、ISM 优化法等；指标确权方法有层次分析法、结构熵权法、平均加权法等。综合评价方法有主成分分析法、聚类分析法、模糊综合评价法、神经网络评价法、支持向量机评价法、DEA 评价法、TOPSIS 评价法、GRA 评价法等。

### 6.3.4 知识库及其管理系统设计

知识库管理系统是人工智能技术的一个重要分支，其智能化主要表现为能够在特定的领域内模仿人类专家思维来求解复杂问题。知识库管理系统的基本原理是将问题求解过程转化成状态空间的搜索问题，用求解问题的已知事实构成初始状态，问题的最终解答构成目标状态，初始状态与目标状态之间充满不同层次的子目标状态，求解过程就是利用推理机在整个状态空间中寻找一条从初始状态到达目标状态的路径。

知识库是知识库管理系统进行推理的源泉，管理系统成功与否在于系统中包含知识的多少和质量的优劣，从某种程度上说，取决于知识库的实用性、知识的丰富程度以及系统对知识库的组织。常用的知识表示方法有一阶谓词演算、产生式系统、语义网络、框架结构，其中产生式系统在知识库管理系统中最为常见。

本书站改施工与运输组织协同优化决策支持系统根据知识库功能目的不同可设计为协同优化子系统、方案评价子系统的知识管理。

### 6.3.5 多媒体库及其管理系统设计

多媒体库为本书单独设计的决策支持系统的组成部分，主要用于人机交互系统中的展示界面。展示界面功能设计包括方案展示、方案比选展示、可视化展示、商业智能展示、指标展示、评价展示等，通过多媒体库管理系统全面形象生动地展示具体方案、施工流程、指标监测、分析和评价模型等，实现饼状图、柱状图、折线图等多种图形的生成与展示以及可视化导播服务功能。

本书决策支持系统可以为站改施工和运输组织协同优化设计实时在线可视化人机交互界面。通过调用数据、模型和方法库中的数据、模型和方法，进行实时在线方案决策和比选，并以可视化界面展示，可以更直观地显示站场改造施工工期和费用，以及车站通过能力等运输组织指标，为进一步协同优化提供决策支持。

# 第 7 章　深圳北站站改施工运输组织分析

深圳北站站改工程是全国首例高速铁路大型客运枢纽站场改造工程，将汇集广深港高速线、杭深线、赣深客专、深茂铁路、深汕铁路等 5 条铁路，设计规模为 11 个站台 20 条股道及 2 个动车所。改造工程率先采用了无砟道岔插铺等多项高速铁路施工新技术，为后续国内高速铁路车站站改施工积累了有益经验、贡献了广铁方案。

## 7.1　站改施工方案

### 7.1.1　工程概况

新建赣州至深圳铁路北起江西省赣州市，途经广东省河源、惠州、东莞等市，南至深圳市，线路全长 436.567 km。根据铁路总公司、广东省初步设计批复意见，结合广州铁路集团公司关于深圳北站改造工程优化设计方案的批复意见，赣深铁路引入深圳北站工程内容如下：根据新线引入既有线站场改造的施工作业顺序和深圳北车站的运输组织特点，按东西半场分两个阶段进行倒边改造施工。第一阶段主要进行北咽喉西半场改造施工，第二阶段主要进行北咽喉东半场及南咽喉改造施工。赣深铁路采用线路别结合方向别自北向南引入深圳北站，对车站北端咽喉进行改造，车站规模不改动；同时并行既有动车所增设深圳北第二动车所，新建 2 条动走线全部接入车站北咽喉西侧；考虑到增加运输的灵活性，在深圳北站南咽喉增设一条径路，预留深圳北站与深汕铁路西丽方向间的联络线，沟通西丽站至深圳北站和深圳北动车运用所的径路。

本次引入深圳北站的改造范围：北咽喉 K2394+164.69 ~ K2396+200.32，全长 2 035.63 m；南咽喉 K2397+606.74 ~ K2397+821.96，全长 215.22 m；动走 A 线 K2394+833 ~ K2395+500，全长 667 m；动走 B 线 K2395+046 ~ K2396+000，全长 954 m。改造工程主要涉及路基挖方 28 万方、填方 8 万方；轨道拆除既有无砟轨道 728 m 后插铺 8 组无砟道岔，拆除有砟轨道 3.6 km、道岔 10 组，新铺有砟线路 7.45 km 及道岔 23 组；同步完成四电缆线迁改割接 180 根，接触网硬横梁改造 54 组、信号软件编制换装 4 次等四电工程改造施工。工程计划总工期 30 个月，开工日期：2018 年 7 月 1 日；计划竣工日期：2020 年 12 月 15 日，北咽喉分东、西半场两阶段封锁施工，南咽喉随北咽喉东半场同步封锁施工。

### 7.1.2 工程重难点分析及对策

深圳北站是在车站不停止运营、现有规模不改动的情况下，首次采用“破旧扩新”的方法进行施工，且线路、通信信号、接触网、站台改造等大部分工程量都是营业线施工，呈现时间紧、任务重、组织复杂、技术难度大、安全压力大等特点。深圳北站改造工程除了一般营业线施工的难点外，还有以下主要难点：

（1）技术难度大。本次改造需拆除既有无砟轨道 728 m 并插铺 8 组无砟道岔，信号 CTCS-3 级列控系统大型高速铁路车站改造属于国内首例，均无先例可循，施工难度大。

（2）运输影响大。深圳动车走行 A、B 线改造对动车组进出动车所影响较大，为兼顾施工运输，需分阶段分别封锁深圳动车走行 A、B 线，施工过渡方案复杂，对运输影响较大，运输组织非正常时间长。

（3）组织复杂。涉及 10 条股道站台改造，既有工务、电务、供电、房建主专业，也有通信、客服等辅助工程，工程专业多；除施工单位中铁四局外，还有工务、电务、供电设备单位和大机段等参与施工，参战单位多；存在施工单位与管内设备管理单位、参战单位作业区域的重叠，联系配合的不畅，导致接合部较多。

（4）作业条件苛刻。深圳北站是在车站不停止运营、现有规模不改动的情况下，首次采用“破旧扩新”的方法进行施工，且线路、通信信号、接触网、站台改造等大部分工程量都是营业线施工，施工及运输的安全压力非常大，对施工组织提出了苛刻的条件。

针对以上重难点，施工组织中的有关对策如下：

（1）切实加强施工组织协调。

深圳北站改造施工期间的施工项目较多，为确保施工作业安全，广铁集团公司成立了由各部室、站段、建设、施工、设计、监理等单位部门组成的推进工作组，安排人员开展深圳北站站改日交班和周推进工作，对深圳北站改造施工进行组织协调，及时协调解决现场临时出现的突发情况。

（2）科学制订施工整体推进计划。

深圳北站站改工程分两个阶段进行施工，要求深圳工程建设指挥部指导施工单位分阶段提前编制轮廓推进计划，并按时间节点进行倒排，确保各阶段施工按预定的时间节点完成。

（3）精心编制各阶段施工计划。

指定专人负责，提前介入，组织专题研究，主动协调建设单位优化既有线施工组织方案，分阶段、分步骤制订运输组织细化措施，安排好各阶段施工计划，并认真组织实施。

为解决施工期间运输能力不足的问题，积极参加施工方案及运输调整协调会，将原方案第一阶段停运 13 对直通动车组列车，改为停运 4 对，根据客流减少施工对运输的影响。

（4）千方百计满足施工天窗需求。

深圳北站图定天窗为 0:30—4:30，共 240 min，如仅在天窗时间段施工，工期将会很长，为保证施工进度，在不影响运输的前提下，根据改造施工的工作量，分东西半场将改造施工地段用硬隔离进行围蔽，围蔽范围内的施工采用邻近营业线方式进行，确需在天窗点内进行的施工项目，分步骤进行，并在正式施工期间参与现场施工协调，确保集团管内首次在运营的高速铁路线路上插铺道岔、列控软件更换、接触网改造等施工项目按计划兑现。

加强施工天窗综合利用，统筹协调施工天窗计划，最大限度地组织“一点多用、平行作业”，提高既有线运输能力和天窗资源的使用效率，实现施工与运输两兼顾。

（5）全力做好动态检测期间克缺整治。

2019 年 12 月 8—18 日及 2020 年 12 月 8—18 日，分两个阶段进行深圳北站动态检测。

动态检测期间，施工办加强与联调联试指挥部的沟通，对检测中发现的设备缺陷及时安排整治计划，利用停轮的有利时机，及时安排进行克缺整治；牢固树立“安全第一”的思想，坚持安全导向原则，“施工不行车，行车不施工”，把好施工计划审批的安全关，时刻保持对安全的敬畏感和使命感，万众一心，众志成城，安全生产的观念蔚然成风，有力地保证了动态检测期间的施工安全。

### 7.1.3　施工主体步骤

施工总体方案为：既有深圳北站 1 ~ 10 道动车需经动 B 线进出动车所，13 ~ 20 道需经动 A 线进出动车所，根据深圳北站改造平面图，在动 B 线上插铺 111#、115#、117#无砟道岔须封锁经既有 33#岔进出的 1 ~ 6 道北端线路，在动 A 线上插铺 85#、103#、105#、67#无砟道岔须封锁经既有 35#岔进出的 17 ~ 20 道北端线路。结合施工周期以及对运输的影响，按照北咽喉东、西半场各一次封锁施工，完成后按设计开通东、西半场。

## 7.2 理论通过能力推算及分析

深圳北站是客运枢纽站，本章以深圳北站 2019 年 11 月站改前、站改期间、站改后为案例，利用第 2 章内容依次对深圳北站理论通过能力进行推算并做相应分析。

本章通过对深圳北站的多态理论通过能力推算以及相应的分析，可以进一步看出，基于多品种流网络的高速铁路枢纽站多态理论通过能力推算方法，以及通过构建高速铁路车站的多品种流网络，研究高速铁路车站理论通过能力的计算方法和推算模式，有助于提升高速铁路枢纽站能力计算的精细化、精准化、具体化。去除了通过能力评估和能力利用率等方法面临的定性因素，也弥补了通过能力损耗率方法的不确定问题以及一些方法无法现实运用的缺陷。

将天窗时间以及深圳北站运行图的最早最晚接发车时间结合起来综合考虑，这里取 $H$=18 h，即有 $T$=60×18=1 080 min。根据深圳北站站场工程图纸、深圳北站信号设备平面布置图、《铁路技术管理规程》（高速铁路部分）、《广铁集团高速铁路行车组织细则》《深圳北站能力查定报告》等，查定规定进出站车速 $v$=40 km/h、进出站信号机与进出站方向最外侧道岔之间以及每个咽喉的距离 $l_{ij}$，得出动车组列车的行驶时间 $\Delta t_{ij}=l/v\times 60$ min。查定的接（发）车进路准备时间 $\Delta t_1$=5 min、区间列车间隔 $\Delta t_2$=5 min、到发线停车间隔 $\Delta t_3$=8 min。可以得出表 2-3 所述数据集如表 7-1 所示。

### 7.2.1 站改前理论通过能力推算及分析

深圳北站 2019 年 11 月站改前的站场示意图如图 7-1 所示，具有 20 条到发线并具有动 $A$ 线和动 $B$ 线 1 个动车所的高速铁路枢纽站。

将站场图抽象成站场网络图并针对站场图构建 $A$ 截面、$B$ 截面、$C$ 截面，示意图如图 7-2 所示。

表 7-1　深圳北站动车到发线时间占用参数

| 动车组列车类别 | 6类动车组列车进站总数量 | 到发线停留时间/min | 接（发）车进路准备时间/min | 到发线停车间隔/min | 到发线时间占用/min |
|---|---|---|---|---|---|
| 始发动车组列车 I | $Q_{I1}$ | $\Delta t_I=20$ | $\Delta t_1=5$ | $\Delta t_3=8$ | $t_I=\Delta t_I+\Delta t_1+\Delta t_3=33$ |
| | $Q_{I2}$ | | | | |
| 终到动车组列车 II | $Q_{II1}$ | $\Delta t_{II}=18$ | | | $t_{II}=\Delta t_{II}+\Delta t_1+\Delta t_3=31$ |
| | $Q_{II2}$ | | | | |
| 中转动车组列车 III | $Q_{III1}$ | $\Delta t_{III1}=5$ | | | $t_{III1}=\Delta t_{III1}+\Delta t_1+\Delta t_3=18$ |
| | $Q_{III2}$ | $\Delta t_{III2}=20$ | | | $t_{III2}=\Delta t_{III2}+\Delta t_1+\Delta t_3=33$ |

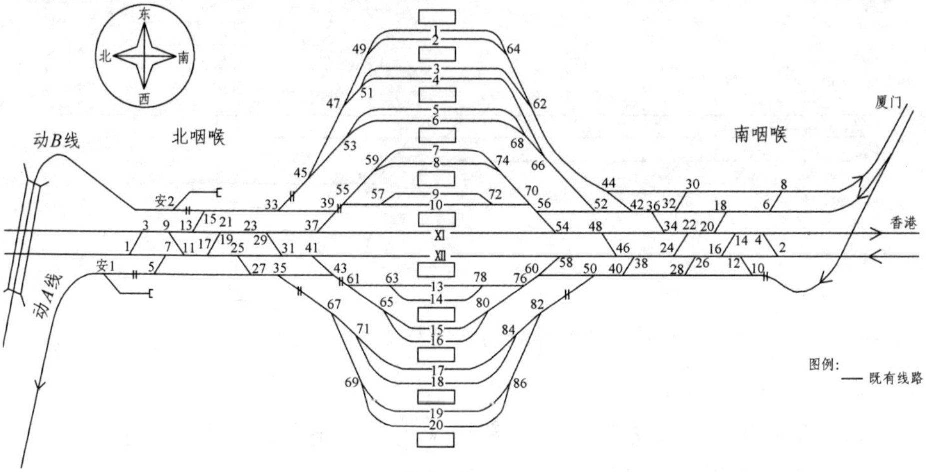


图 7-1　深圳北站原有站场示意图

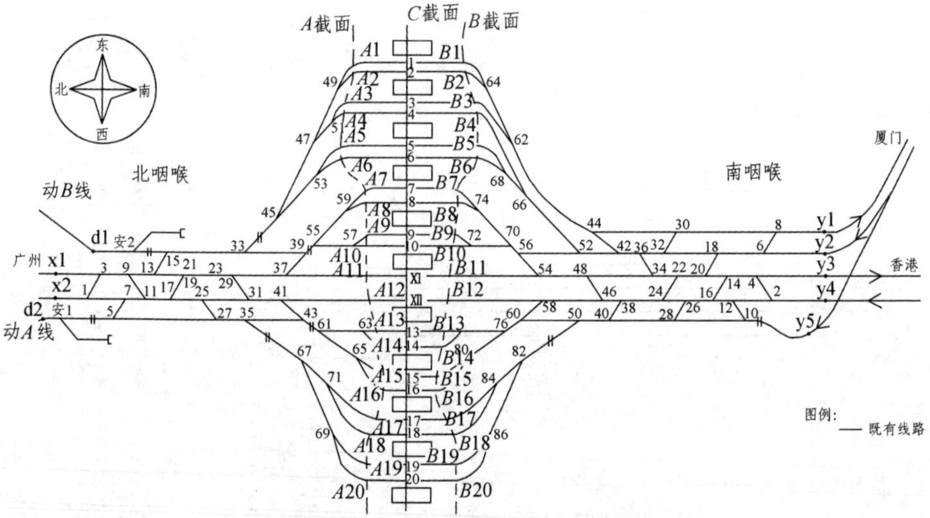


图 7-2　深圳北站站场截面示意图

#### 7.2.1.1 理论通过能力推算

1. 进路数据集推算

深圳北站站场图抽象为站场网络图以及利用《高速铁路车站多态通过能力推算系统》推算进路数据集 $L_{pass}$ 的过程如图 7-3 所示。

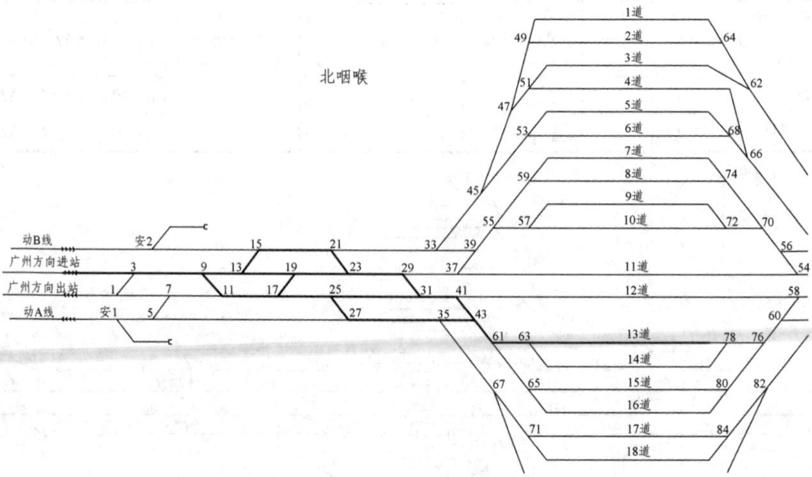


图 7-3 深圳北站站场网络图及生成进路数据集过程

2. 咽喉能力推算

基于咽喉区域网络参数构建，利用《高速铁路车站多态通过能力推算系统》推算的深圳北站咽喉能力结果，如图 7-4 所示。

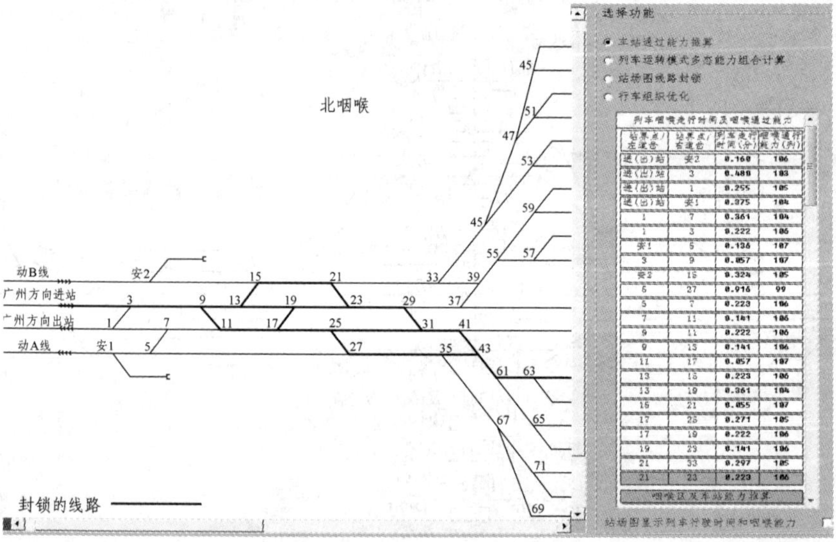


| 站界点/左道岔 | 站界点/右道岔 | 列车走行时间(分) | 咽喉通行能力(列) |
|---|---|---|---|
| 进(出)站 | 安2 | 0.160 | 106 |
| 进(出)站 | 3 | 0.480 | 103 |
| 进(出)站 | 1 | 0.255 | 105 |
| 进(出)站 | 安1 | 0.375 | 104 |
| 1 | 7 | 0.361 | 104 |
| 1 | 3 | 0.222 | 106 |
| 安1 | 5 | 0.136 | 107 |
| 3 | 9 | 0.057 | 107 |
| 安2 | 15 | 0.324 | 105 |
| 5 | 27 | 0.916 | 99 |
| 5 | 7 | 0.223 | 106 |
| 7 | 11 | 0.141 | 106 |
| 9 | 11 | 0.222 | 106 |
| 9 | 13 | 0.141 | 106 |
| 11 | 17 | 0.057 | 107 |
| 13 | 15 | 0.223 | 106 |
| 13 | 19 | 0.361 | 104 |
| 15 | 21 | 0.055 | 107 |
| 17 | 25 | 0.271 | 105 |
| 17 | 19 | 0.222 | 106 |
| 19 | 23 | 0.141 | 106 |
| 21 | 33 | 0.297 | 105 |
| 21 | 23 | 0.223 | 106 |

图 7-4 深圳北站咽喉能力

### 3. 多态理论通过能力推算

针对表 2-4 的 8 种主要不同状态的流预推，利用《高速铁路车站多态通过能力推算系统》推算的深圳北站多态理论通过能力结果如图 7-5 所示，其中多态理论通过能力分布的图示结果如图 7-6 所示。

通过图 7-5 以及图 7-6 可以看出，进出咽喉数据分布相对合理的是“南咽喉进北咽喉出南咽喉出+北咽喉进南咽喉出北咽喉出”以及“南咽喉进南咽喉出北咽喉出+北咽喉进北咽喉出南咽喉出”两个状态。针对“南咽喉进南咽喉出北咽喉出+北咽喉进北咽喉出南咽喉出”，可以得出表 2-5 形式的结果如表 7-2 所示。

先北咽喉进北咽喉出南咽喉出再
南咽喉进北咽喉出南咽喉出

| | | | |
|---|---|---|---|
| 北咽喉进站能力/列 | 237 | 南咽喉进站能力/列 | 151 |
| 北咽喉出站能力/列 | 384 | 南咽喉出站能力/列 | 1 |
| 北咽喉通过能力/列 | 618 | 南咽喉通过能力/列 | 152 |
| 车站通过能力/对 | 385 | 受限于咽喉区通过能力 | |

先北咽喉进北咽喉出南咽喉出再
南咽喉进南咽喉出北咽喉出

| | | | |
|---|---|---|---|
| 北咽喉进站能力/列 | 237 | 南咽喉进站能力/列 | 151 |
| 北咽喉出站能力/列 | 233 | 南咽喉出站能力/列 | 152 |
| 北咽喉通过能力/列 | 467 | 南咽喉通过能力/列 | 303 |
| 车站通过能力/对 | 385 | 受限于咽喉区通过能力 | |

先北咽喉进南咽喉出北咽喉出再
南咽喉进北咽喉出南咽喉出

| | | | |
|---|---|---|---|
| 北咽喉进站能力/列 | 314 | 南咽喉进站能力/列 | 140 |
| 北咽喉出站能力/列 | 140 | 南咽喉出站能力/列 | 310 |
| 北咽喉通过能力/列 | 450 | 南咽喉通过能力/列 | 450 |
| 车站通过能力/对 | 450 | 受限于咽喉区通过能力 | |

先北咽喉进南咽喉出北咽喉出再
南咽喉进南咽喉出北咽喉出

| | | | |
|---|---|---|---|
| 北咽喉进站能力/列 | 314 | 南咽喉进站能力/列 | 140 |
| 北咽喉出站能力/列 | 0 | 南咽喉出站能力/列 | 450 |
| 北咽喉通过能力/列 | 310 | 南咽喉通过能力/列 | 590 |
| 车站通过能力/对 | 450 | 受限于咽喉区通过能力 | |

先南咽喉进北咽喉出南咽喉出再
北咽喉进北咽喉出南咽喉出

| | | | |
|---|---|---|---|
| 北咽喉进站能力/列 | 216 | 南咽喉进站能力/列 | 244 |
| 北咽喉出站能力/列 | 455 | 南咽喉出站能力/列 | 2 |
| 北咽喉通过能力/列 | 668 | 南咽喉通过能力/列 | 246 |
| 车站通过能力/对 | 457 | 受限于咽喉区通过能力 | |

先南咽喉进北咽喉出南咽喉出再
北咽喉进南咽喉出北咽喉出

| | | | |
|---|---|---|---|
| 北咽喉进站能力/列 | 223 | 南咽喉进站能力/列 | 244 |
| 北咽喉出站能力/列 | 244 | 南咽喉出站能力/列 | 213 |
| 北咽喉通过能力/列 | 457 | 南咽喉通过能力/列 | 457 |
| 车站通过能力/对 | 457 | 受限于咽喉区通过能力 | |

先南咽喉进南咽喉出北咽喉出再
北咽喉进北咽喉出南咽喉出

| | | | |
|---|---|---|---|
| 北咽喉进站能力/列 | 216 | 南咽喉进站能力/列 | 244 |
| 北咽喉出站能力/列 | 213 | 南咽喉出站能力/列 | 244 |
| 北咽喉通过能力/列 | 426 | 南咽喉通过能力/列 | 488 |
| 车站通过能力/对 | 457 | 受限于咽喉区通过能力 | |

先南咽喉进南咽喉出北咽喉出再
北咽喉进南咽喉出北咽喉出

| | | | |
|---|---|---|---|
| 北咽喉进站能力/列 | 214 | 南咽喉进站能力/列 | 244 |
| 北咽喉出站能力/列 | 0 | 南咽喉出站能力/列 | 458 |
| 北咽喉通过能力/列 | 214 | 南咽喉通过能力/列 | 702 |
| 车站通过能力/对 | 458 | 受限于咽喉区通过能力 | |

图 7-5　深圳北站多态理论通过能力

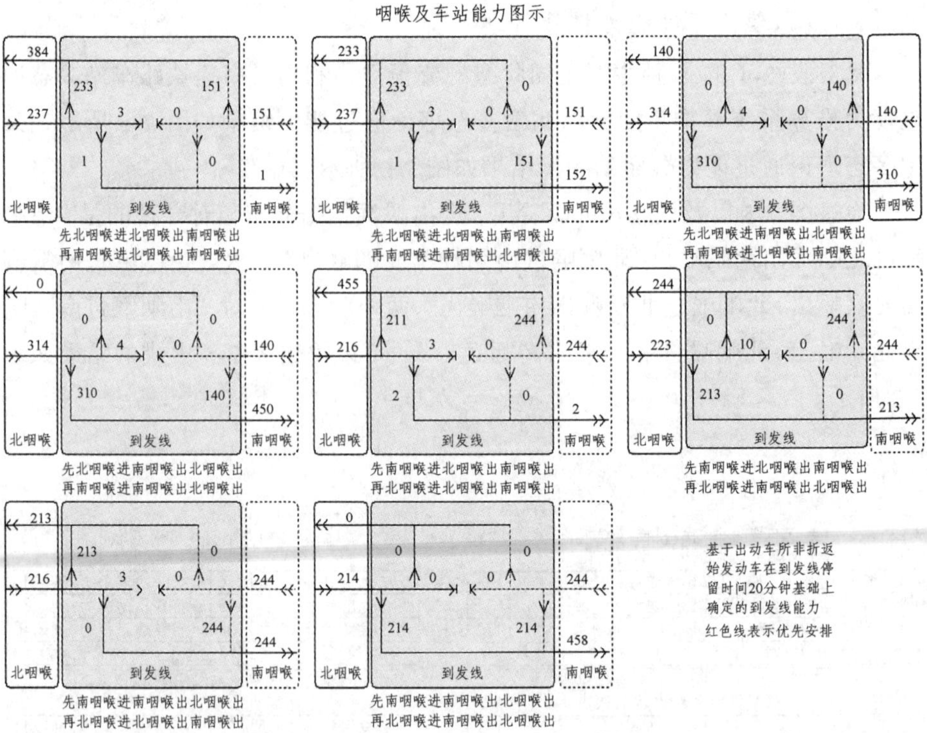


图 7-6　深圳北站多态理论通过能力分布

表 7-2　深圳北站咽喉和车站理论通过能力列表

| 北咽喉进最大列车数 | 通过北咽喉出列车数 | 通过南咽喉出列车数 | 北咽喉只进列车数 | 南咽喉进最大列车数 | 通过北咽喉出列车数 | 通过南咽喉出列车数 | 南咽喉只进列车数 |
|---|---|---|---|---|---|---|---|
| $Q_A$=216 | $Q_{AA}$=213 | $Q_{AB}$=0 | $Q_{AD}$=3 | $Q_B$=244 | $Q_{BA}$=0 | $Q_{BB}$=244 | $Q_{BD}$=0 |
| 北咽喉进站能力 $Q_A$=216 列 | | | | 南咽喉进站能力 $Q_B$=244 列 | | | |
| 北咽喉出站能力 $Q_{AA}+Q_{BA}$=213+0=213 列 | | | | 南咽喉出站能力 $Q_{AB}+Q_{BB}$=0+244=244 列 | | | |
| 北咽喉通过能力 $Q_A-Q_{AD}+Q_{AA}+Q_{BA}$=216−3+213+0=426 列 | | | | 南咽喉通过能力 $Q_B-Q_{BD}+Q_{AB}+Q_{BB}$=244−0+0+244=488 列 | | | |
| 车站通过能力 $Q$（$C$）=（$Q_A-Q_{AD}$）+（$Q_B-Q_{BD}$）=$Q_{AA}+Q_{AB}+Q_{BA}+Q_{BB}$=457 对 | | | | | | | |

4. 归类动车组列车的能力组合

基于公式（2-7）以及深圳北站通过能力 $Q$（$C$）=457 有以下结果：

$$Q_{\mathrm{I}1}+Q_{\mathrm{I}2}+Q_{\mathrm{II}1}+Q_{\mathrm{II}2}+Q_{\mathrm{III}1}+Q_{\mathrm{III}2}=457$$

仍然以“南咽喉进南咽喉出北咽喉出+北咽喉进北咽喉出南咽喉出”为例，针对表 2-3 归类的 6 类动车组列车，能力组合方案会有很多。基于表 7-1 的深圳北站动车到发线时间占用，可以计算出到发线的利用时间 $T_1=t_{\rm I}\times Q_{\rm I1}+t_{\rm I}\times Q_{\rm I2}+t_{\rm II}\times Q_{\rm II1}+t_{\rm II}\times Q_{\rm II2}+t_{\rm III1}\times Q_{\rm III1}+t_{\rm III22}\times Q_{\rm III}$、未利用时间 $T_2=mT-T_1$、利用率 $\delta=T_1/mT$，表 7-3 给出了几个组合方案。

基于公式（2-2）可以得出 $t_{AB}=33$。基于公式（2-3）、$T=60\times18=1\ 080$/min 以及到发线 20 条，可知深圳北站到发线接发能力 $C=\mathrm{INT}(1\ 080/33)\times20=654$，利用流预推得出“南咽喉进南咽喉出北咽喉出+北咽喉进北咽喉出南咽喉出”状态下的车站通过能力 $Q(C)=457$，说明深圳北站车站通过能力受限于咽喉通过能力，到发线接发能力利用率为 457/654≈69.88%。通过表 7-3 可以看出，每种能力组合方案的到发线时间利用率，也基本接近到发线接发能力利用率 69.88%。

表 7-3 深圳北站 6 类动车组列车能力组合方案

| 车站通过能力 | 每种运行形态动车组列车能力组合方案（出动车所非折返始发，出动车所折返始发，去动车所非折返终到，去动车所折返终到，中转非折返，中转折返） | 到发线利用时间 $T_1$/min | 到发线未利用时间 $T_2$/min | 到发线时间利用率 $\delta$ |
|---|---|---|---|---|
| 457 | （18，44，46，17，72，260） | 13 875 | 7 725 | 64.23% |
| | （44，69，56，77，34，177） | 14 305 | 7 295 | 66.22% |
| | ……… | ……… | ……… | ……… |
| | （78，126，30，108，28，87） | 14 385 | 7 215 | 66.60% |
| | （103，189，28，117，5，15） | 14 716 | 6 884 | 68.13% |

#### 7.2.1.2 通过能力分析

以上是基于深圳北站 2019 年站改之前的站场图进行推算的多态理论通过能力，将站改前 2019 年三季度运行图的统计结果汇总于表 7-4，再按照图 2-4 方式用图 7-7 对车流分布进行图示。

表 7-4　深圳北站接发动车组列车列表

| | | | |
|---|---|---|---|
| 北咽喉进站列车数/列 | 207 | 南咽喉进站列车数/列 | 212 |
| 北咽喉非折返列车数/列 | 95 | 南咽喉非折返列车数/列 | 95 |
| 北咽喉折返列车数/列 | 111 | 南咽喉折返列车数/列 | 113 |
| 北咽喉进到发线过夜列车数/列 | 1 | 南咽喉进到发线过夜列车数/列 | 4 |
| 北咽喉出站列车数/列 | 111+95=206 | 南咽喉出站列车数/列 | 95+113=208 |
| 北咽喉通过列车数/列 | （207−1）+206=412 | 南咽喉通过列车数/列 | （212−4）+208=416 |
| 到发线通过列车数 414 对 | | | |

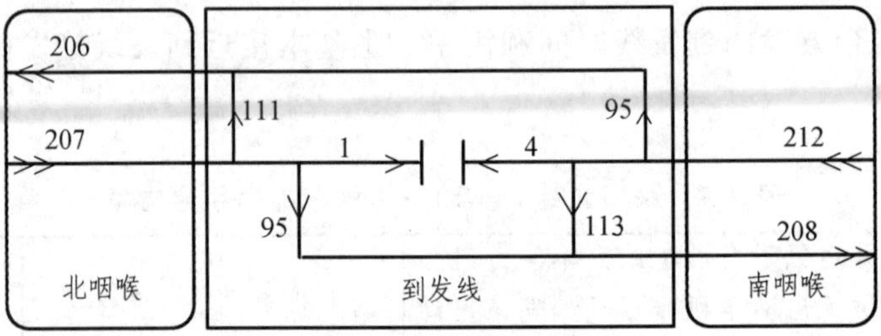


图 7-7　深圳北站车流分布状态

基于以上统计，对深圳北站案例总结分析如下：

（1）对比表 7-4、图 7-5 与图 7-6、图 7-7 可以看出，深圳北站站改前 2019 年三季度运行图的接发列车数据，与“南咽喉进南咽喉出北咽喉出+北咽喉进北咽喉出南咽喉出”状态的符合度更高一些，通过表 7-5 将站改前 2019 年三季度运行图的能力利用率列出。

基于表 7-1 的深圳北站动车到发线时间占用，按照表 7-3 的方式将深圳北站站改前 2019 年三季度运行图统计出的 6 类动车组列车数量以及到发线的利用时间、未利用时间、利用率列于表 7-6。

（2）通过表 7-4 和图 7-7 可以看出，该运行图行车方案进出北南咽喉的列车数以及通过列车数基本接近即“列车数均等”，但通过表 7-5 可知北咽喉能力利用率都在 95%以上，南咽喉能力利用率都在 85%以上，北南咽喉的能力利用率有一定差别即“能力利用率不均衡”。

（3）通过表 7-5 可以看出车站通过能力利用率为 90.59%，但通过表 7-6 可以看出，6 类动车组列车组合方案的到发线时间利用率仅为 53.46%。

表 7-5　深圳北站 2019 年三季度列车运行图能力利用率

| | | | | | |
|---|---|---|---|---|---|
| 北咽喉进站列车数/列 | 207 | 北咽喉进站能力利用率 207/216≈95.83% | 南咽喉进站列车数/列 | 212 | 南咽喉进站能力利用率 212/244≈86.89% |
| 北咽喉进站能力/列 | 216 | | 南咽喉进站能力/列 | 244 | |
| 北咽喉出站列车数/列 | 206 | 北咽喉出站能力利用率 206/213≈96.71% | 南咽喉出站列车数/列 | 208 | 南咽喉出站能力利用率 208/244≈85.25% |
| 北咽喉出站能力/列 | 213 | | 南咽喉出站能力/列 | 244 | |
| 北咽喉通过列车数/列 | 206+206=412 | 北咽喉通过能力利用率 412/426≈96.71% | 南咽喉通过列车数/列 | 208+208=416 | 南咽喉通过能力利用率 416/488≈85.25% |
| 北咽喉通过能力/列 | 426 | | 南咽喉通过能力/列 | 488 | |
| 车站通过能力利用率 414/457≈90.59% | | | | | |

表 7-6　深圳北站运行图 6 类动车组列车组合数量

| 通过到发线列车数/列 | 每种运行形态动车组列车能力组合方案（出动车所非折返始发，出动车所折返始发，去动车所非折返终到，去动车所折返终到，中转非折返，中转折返） | 到发线利用时间 $T_1$/min | 到发线未利用时间 $T_2$/min | 到发线时间利用率 $\delta$ |
|---|---|---|---|---|
| 414 | （27，22，29，23，134，179） | 11 548 | 10 052 | 53.46% |

基于实际中动车组列车在到发线停留时间不同，将划分的 6 类动车组列车按照 6 种品种流进行研究，鉴于实际中可能出现不止此 6 类动车组列车，如不停车通过动车组列车等，可以在 6 类数量基础上补加扩展。基于技术管理规程、细则、查定报告等查定核定的绝对时间占用研究高速铁路枢纽站理论通过能力，但实际中咽喉还会有其他时间占用，可以补充到公式（2-1）的 $t_{ij}$ 中，到发线时间占用还会有进站减速和加速出站等其他时间占用，可以扩充到表 2-3 的到发线时间占用中去。

## 7.2.2 站改第一阶段理论通过能力推算及对比分析

2019 年 11 月开始进行赣深方向新线引入以及第二动车所建设，第一阶段站改施工需要封锁动 A 线—5#（含）—27#（含）—43#（不含）道岔间线路以及 17—20 道北端线路。

### 7.2.2.1 理论通过能力推算

1. 进路数据集推算

深圳北站站改第一阶段站场图抽象为站场网络图以及利用《高速铁路车站多态通过能力推算系统》推算进路数据集 $L_{pass}$ 的过程如图 7-8 所示。

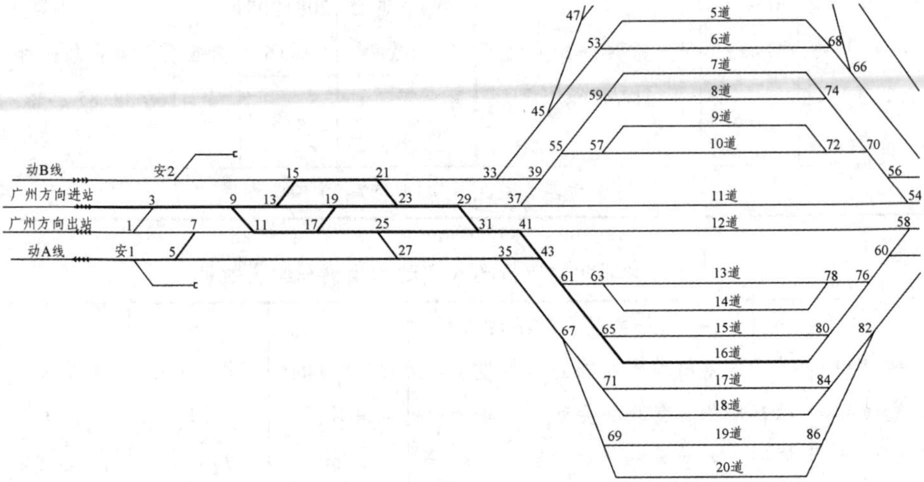


图 7-8　深圳北站站改期间生成进路数据集过程

2. 咽喉能力推算

基于咽喉区域网络参数构建，利用《高速铁路车站多态通过能力推算系统》推算的深圳北站站改第一阶段咽喉能力结果如图 7-9 所示。

3. 多态理论通过能力推算

针对表 2-4 的 8 种主要不同状态的流预推，利用《高速铁路车站多态通过能力推算系统》推算的深圳北站站改期间多态理论通过能力结果如图 7-10 所示，其中多态理论通过能力分布的图示结果如图 7-11 所示。

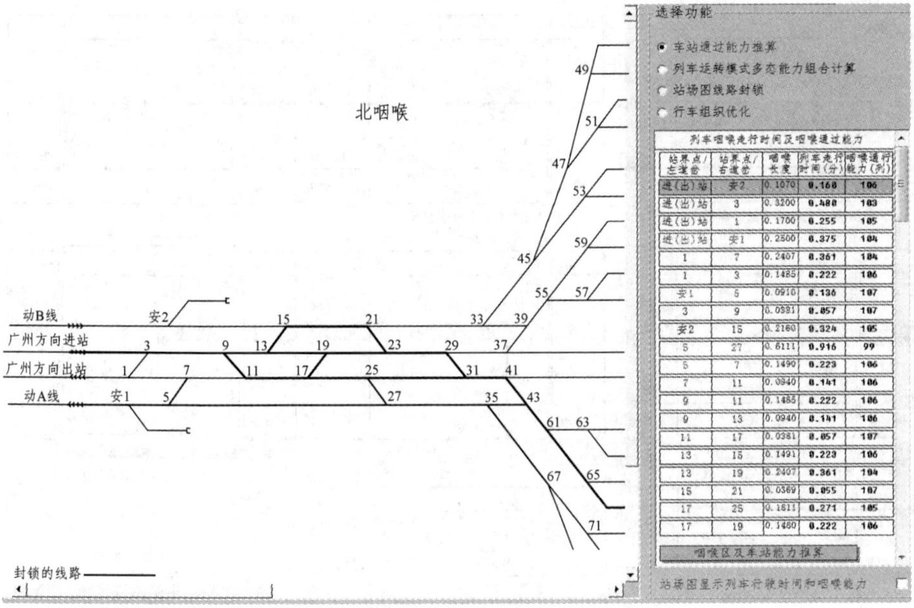


图 7-9 深圳北站站改期间咽喉能力

先北咽喉进北咽喉出南咽喉出
再南咽喉进北咽喉出南咽喉出

| | | | |
|---|---|---|---|
| 北咽喉进站能力/列 | 208 | 南咽喉进站能力/列 | 202 |
| 北咽喉出站能力/列 | 401 | 南咽喉出站能力/列 | 9 |
| 北咽喉通过能力/列 | 609 | 南咽喉通过能力/列 | 211 |
| 车站通过能力/对 | 410 | 受限于咽喉区通过能力 | |

先北咽喉进北咽喉出南咽喉出
再南咽喉进南咽喉出北咽喉出

| | | | |
|---|---|---|---|
| 北咽喉进站能力/列 | 208 | 南咽喉进站能力/列 | 202 |
| 北咽喉出站能力/列 | 199 | 南咽喉出站能力/列 | 211 |
| 北咽喉通过能力/列 | 407 | 南咽喉通过能力/列 | 413 |
| 车站通过能力/对 | 410 | 受限于咽喉区通过能力 | |

先北咽喉进南咽喉出北咽喉出
再南咽喉进北咽喉出南咽喉出

| | | | |
|---|---|---|---|
| 北咽喉进站能力/列 | 208 | 南咽喉进站能力/列 | 202 |
| 北咽喉出站能力/列 | 202 | 南咽喉出站能力/列 | 208 |
| 北咽喉通过能力/列 | 410 | 南咽喉通过能力/列 | 410 |
| 车站通过能力/对 | 410 | 受限于咽喉区通过能力 | |

先北咽喉进南咽喉出北咽喉出
再南咽喉进南咽喉出北咽喉出

| | | | |
|---|---|---|---|
| 北咽喉进站能力/列 | 208 | 南咽喉进站能力/列 | 202 |
| 北咽喉出站能力/列 | 0 | 南咽喉出站能力/列 | 410 |
| 北咽喉通过能力/列 | 208 | 南咽喉通过能力/列 | 612 |
| 车站通过能力/对 | 410 | 受限于咽喉区通过能力 | |

先南咽喉进北咽喉出南咽喉出
再北咽喉进北咽喉出南咽喉出

| | | | |
|---|---|---|---|
| 北咽喉进站能力/列 | 189 | 南咽喉进站能力/列 | 250 |
| 北咽喉出站能力/列 | 407 | 南咽喉出站能力/列 | 0 |
| 北咽喉通过能力/列 | 564 | 南咽喉通过能力/列 | 250 |
| 车站通过能力/对 | 407 | 受限于咽喉区通过能力 | |

先南咽喉进北咽喉出南咽喉出
再北咽喉进南咽喉出北咽喉出

| | | | |
|---|---|---|---|
| 北咽喉进站能力/列 | 205 | 南咽喉进站能力/列 | 250 |
| 北咽喉出站能力/列 | 250 | 南咽喉出站能力/列 | 155 |
| 北咽喉通过能力/列 | 405 | 南咽喉通过能力/列 | 405 |
| 车站通过能力/对 | 405 | 受限于咽喉区通过能力 | |

先南咽喉进南咽喉出北咽喉出
再北咽喉进北咽喉出南咽喉出

| | | | |
|---|---|---|---|
| 北咽喉进站能力/列 | 553 | 南咽喉进站能力/列 | 250 |
| 北咽喉出站能力/列 | 157 | 南咽喉出站能力/列 | 250 |
| 北咽喉通过能力/列 | 314 | 南咽喉通过能力/列 | 500 |
| 车站通过能力/对 | 407 | 受限于咽喉区通过能力 | |

先南咽喉进南咽喉出北咽喉出
再北咽喉进南咽喉出北咽喉出

| | | | |
|---|---|---|---|
| 北咽喉进站能力/列 | 553 | 南咽喉进站能力/列 | 250 |
| 北咽喉出站能力/列 | 0 | 南咽喉出站能力/列 | 407 |
| 北咽喉通过能力/列 | 157 | 南咽喉通过能力/列 | 657 |
| 车站通过能力/对 | 407 | 受限于咽喉区通过能力 | |

图 7-10 深圳北站第一阶段站改多态通过能力

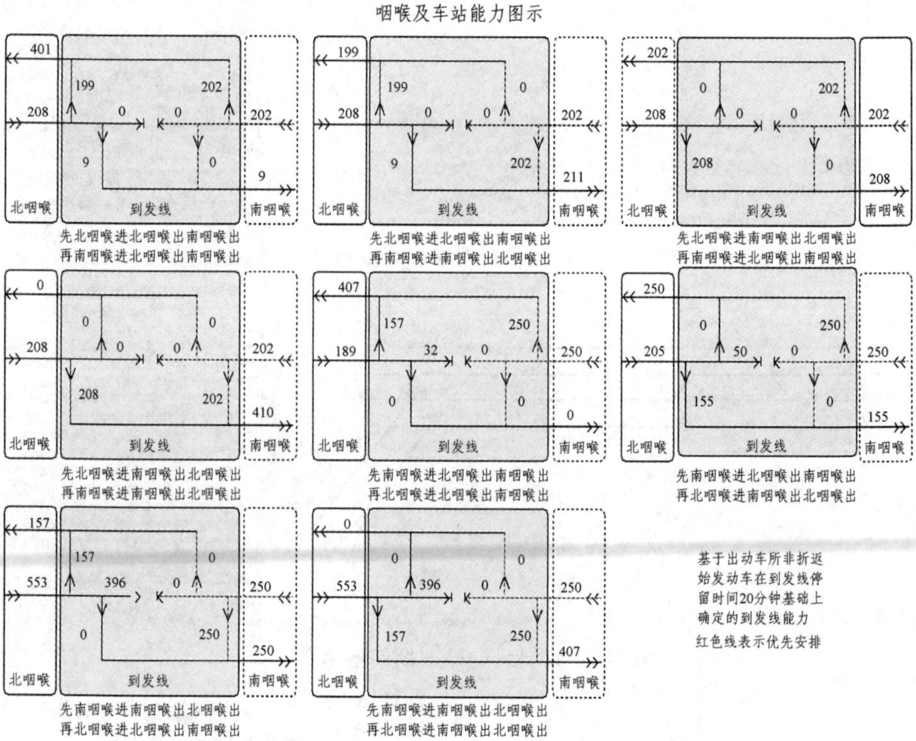


图 7-11　深圳北站第一阶段站改多态通过能力分布状态

### 7.2.2.2　站改期间与站改前通过能力对比分析

通过多态通过能力结果对比看出，数据分布出现“极端分布”的状态不符合行车常态，站改前及第一阶段站改期间通过能力的数据分布合理与否，二者之间的同一种状态都互相对应。根据站改前及第一阶段站改期间通过能力的数据及其分布情况，选取 4 种数据分布“非极端相对均衡”的状态进行第一阶段站改期间通过能力的影响分析。

（1）“北咽喉进北咽喉出南咽喉出+南咽喉进南咽喉出北咽喉出”状态。该状态的通过能力影响分析如表 7-7 所示。

（2）“北咽喉进南咽喉出北咽喉出+南咽喉进北咽喉出南咽喉出”状态。该状态的通过能力影响分析如表 7-8 所示。

（3）“南咽喉进北咽喉出南咽喉出+北咽喉进南咽喉出北咽喉出”状态。该状态的通过能力影响分析如表 7-9 所示。

表 7-7 深圳北站第一阶段站改通过能力影响对比

| 咽喉 | 站改前通过能力 | 第一阶段站改通过能力 | 变化量 | 变化程度 |
|---|---|---|---|---|
| 北咽喉 | $Q_A-Q_{AD}+Q_{AA}+Q_{BA}$=272−46+226+0=452 列 | $Q_A-Q_{AD}+Q_{AA}+Q_{BA}$=208−0+199+0=407 列 | 407−452=−45 | −9.956% |
| 南咽喉 | $Q_B-Q_{BD}+Q_{AB}+Q_{BB}$=190−0+0+190=380 列 | $Q_B-Q_{BD}+Q_{AB}+Q_{BB}$=202−0+9+202=413 列 | 413−380=+33 | +8.684% |
| 车站 | Q（C）=（$Q_A-Q_{AD}$）+（$Q_B-Q_{BD}$）=$Q_{AA}+Q_{AB}+Q_{BA}+Q_{BB}$=416 对 | Q（C）=（$Q_A-Q_{AD}$）+（$Q_B-Q_{BD}$）=$Q_{AA}+Q_{AB}+Q_{BA}+Q_{BB}$=410 对 | 410−416=−6 | −1.442% |

表 7-8 深圳北站第一阶段站改通过能力影响对比

| 咽喉 | 站改前通过能力 | 第一阶段站改通过能力 | 变化量 | 变化程度 |
|---|---|---|---|---|
| 北咽喉 | $Q_A-Q_{AD}+Q_{AA}+Q_{BA}$=312−0+0+145=457 列 | $Q_A-Q_{AD}+Q_{AA}+Q_{BA}$=208−0+0+202=410 列 | 410−457=−47 | −10.284% |
| 南咽喉 | $Q_B-Q_{BD}+Q_{AB}+Q_{BB}$=145−0+312+0=457 列 | $Q_B-Q_{BD}+Q_{AB}+Q_{BB}$=202−0+208+0=410 列 | 410−457=−47 | −10.284% |
| 车站 | Q（C）=（$Q_A-Q_{AD}$）+（$Q_B-Q_{BD}$）=$Q_{AA}+Q_{AB}+Q_{BA}+Q_{BB}$=457 对 | Q（C）=（$Q_A-Q_{AD}$）+（$Q_B-Q_{BD}$）=$Q_{AA}+Q_{AB}+Q_{BA}+Q_{BB}$=410 对 | 410−457=−47 | −10.284% |

表 7-9 深圳北站第一阶段站改通过能力影响对比

| 咽喉 | 站改前通过能力 | 第一阶段站改通过能力 | 变化量 | 变化程度 |
|---|---|---|---|---|
| 北咽喉 | $Q_A-Q_{AD}+Q_{AA}+Q_{BA}$=330−120+39+250=499 列 | $Q_A-Q_{AD}+Q_{AA}+Q_{BA}$=205−50+0+250=405 列 | 405−499=−94 | −18.838% |
| 南咽喉 | $Q_B-Q_{BD}+Q_{AB}+Q_{BB}$=250−0+171+0=421 列 | $Q_B-Q_{BD}+Q_{AB}+Q_{BB}$=250−0+155+0=405 列 | 405−421=−16 | −3.800% |
| 车站 | Q（C）=（$Q_A-Q_{AD}$）+（$Q_B-Q_{BD}$）=$Q_{AA}+Q_{AB}+Q_{BA}+Q_{BB}$=460 对 | Q（C）=（$Q_A-Q_{AD}$）+（$Q_B-Q_{BD}$）=$Q_{AA}+Q_{AB}+Q_{BA}+Q_{BB}$=405 对 | 405−460=−55 | −11.957% |

（4）“南咽喉进北咽喉出南咽喉出+北咽喉进南咽喉出北咽喉出”状态。该状态的通过能力影响分析如表 7-10 所示。

表 7-10　深圳北站第一阶段站改通过能力影响对比

| 咽喉 | 站改前通过能力 | 第一阶段站改通过能力 | 变化量 | 变化程度 |
|---|---|---|---|---|
| 北咽喉 | $Q_A-Q_{AD}+Q_{AA}+Q_{BA}$=224−11+213+0=426 列 | $Q_A-Q_{AD}+Q_{AA}+Q_{BA}$=553−396+157+0=314 列 | 314−426=−112 | −26.291% |
| 南咽喉 | $Q_B-Q_{BD}+Q_{AB}+Q_{BB}$=250−0+0+250=500 列 | $Q_B-Q_{BD}+Q_{AB}+Q_{BB}$=250−0+0+250=500 列 | 500−500=0 | 0% |
| 车站 | $Q(C)=(Q_A-Q_{AD})+(Q_B-Q_{BD})=Q_{AA}+Q_{AB}+Q_{BA}+Q_{BB}$=463 对 | $Q(C)=(Q_A-Q_{AD})+(Q_B-Q_{BD})=Q_{AA}+Q_{AB}+Q_{BA}+Q_{BB}$=407 对 | 407−463=−56 | −12.095% |

针对以上 4 种可行状态的通过能力分析总结如下：

1. 纵向对比

（1）进出咽喉先后顺序不同推算的通过能力，站改前咽喉通过能力变动幅度比较大，第一阶段站改期间有 3 种状态的咽喉通过能力变动幅度较小。

（2）站改前车站通过能力最低为 416 对，最高为 463 对，范围相差 463−416=47 对，但有 3 种状态通过能力都集中在 460 对附近，可以推断深圳北站站改前通过能力约为 460 对。

（3）第一阶段站改期间车站通过能力最低为 405 对，最高为 410 对，相差 410−405=5 对，范围变化幅度较小，结果也比较恒定，都接近或等于 410 对，可以推断通过能力大约为 410 对。

2. 横向对比

（1）进出咽喉先后顺序不同推算的通过能力，第一阶段站改期间比站改前咽喉通过能力的变化量以及变化程度差异都比较大。

（2）尽管纵向对比第一阶段站改期间车站通过能力结果都接近或等于 410 对，但横向对比中有 3 种状态的变化量以及变化程度较大，车站通过能力的消减达到 10%以上。

推算出第一阶段站改期间 8 种主要不同状态下高速铁路枢纽站理论通过能力的具体数值，将通过能力数据分布“非极端相对均衡”的形态作为符合行车组织的可行方案，从而为行车组织优化以及改造期间的行车组织优化等提供可靠和实用的依据，对管理决策提供支撑。

## 7.2.3 站改后理论通过能力推算及对比分析

为了提高深圳北站接发能力，于 2019 年 11 月开始进行赣深方向新线引入以及第二动车所的建设。施工完成后深圳北站平面布置图如图 7-12 所示。

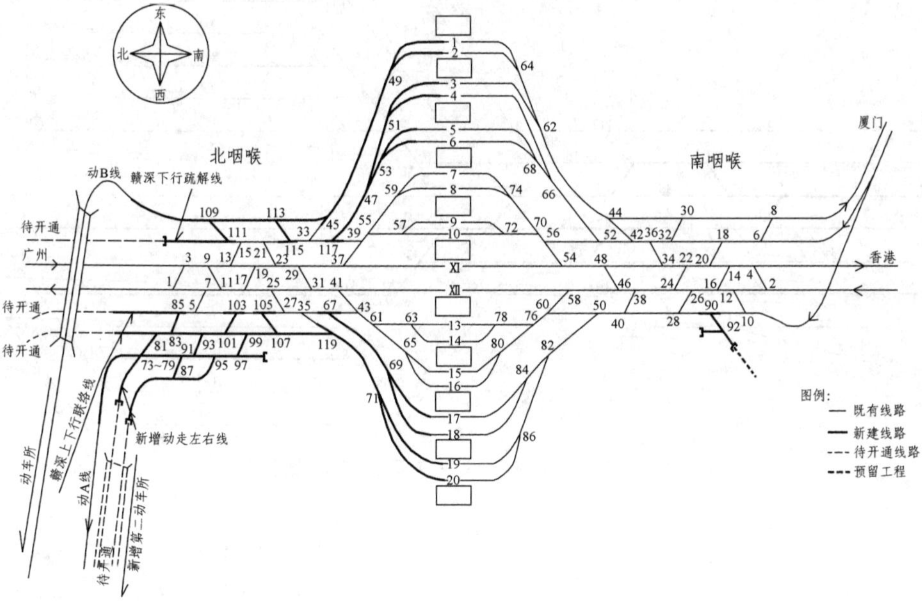


图 7-12 深圳北站站改后平面布置图

### 7.2.3.1 理论通过能力推算

1. 进路数据集推算

站改后站场图抽象为网络图以及利用算法 2.1 生成进路数据集 $L_{\text{pass}}$ 图示如图 7-13 所示。

2. 咽喉能力推算

基于咽喉区域网络参数构建，利用《高速铁路车站多态通过能力推算系统》推算的深圳北站站改后咽喉能力结果如图 7-14 所示。

3. 理论通过能力推算

针对表 2-4 的 8 种主要不同状态的流预推，利用《高速铁路车站多态通过能力推算系统》推算的深圳北站站改后多态理论通过能力结果如图 7-15 所示，其中多态理论通过能力分布的图示结果如图 7-16 所示。

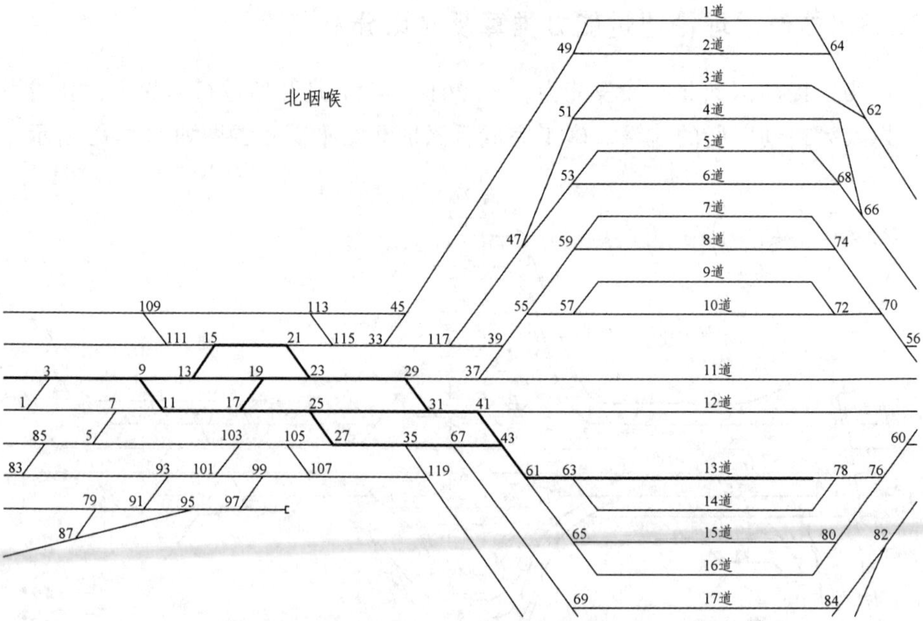


图 7-13 深圳北站站改后生成进路数据集过程

| 站界点/左道岔 | 站界点/右道岔 | 咽喉长度 | 列车走行时间（分） | 咽喉通行能力（列） |
|---|---|---|---|---|
| 进(出)站 | 109 | 0.0520 | 0.078 | 107 |
| 进(出)站 | 73 | 0.0990 | 0.148 | 106 |
| 进(出)站 | 73 | 0.1120 | 0.168 | 106 |
| 进(出)站 | 87 | 0.0520 | 0.078 | 107 |
| 73 | 81 | 0.0690 | 0.103 | 107 |
| 73 | 79 | 0.2180 | 0.327 | 105 |
| 进(出)站 | 111 | 0.1560 | 0.234 | 106 |
| 进(出)站 | 3 | 0.3200 | 0.480 | 103 |
| 进(出)站 | 1 | 0.1700 | 0.255 | 105 |
| 进(出)站 | 85 | 0.2500 | 0.375 | 104 |
| 进(出)站 | 81 | 0.1139 | 0.170 | 106 |
| 81 | 83 | 0.0301 | 0.045 | 108 |
| 83 | 85 | 0.1061 | 0.159 | 106 |
| 83 | 93 | 0.3037 | 0.455 | 103 |
| 1 | 3 | 0.1485 | 0.222 | 106 |
| 1 | 7 | 0.2407 | 0.361 | 104 |
| 85 | 5 | 0.0316 | 0.047 | 107 |
| 3 | 9 | 0.0381 | 0.057 | 107 |
| 87 | 79 | 0.1496 | 0.224 | 106 |
| 87 | 95 | 0.3566 | 0.534 | 103 |

图 7-14 深圳北站站改后咽喉能力

先北咽喉进北咽喉出南咽喉出
再南咽喉进北咽喉出南咽喉出

| | | | |
|---|---|---|---|
| 北咽喉进站能力/列 | 750 | 南咽喉进站能力/列 | 162 |
| 北咽喉出站能力/列 | 568 | 南咽喉出站能力/列 | 0 |
| 北咽喉通过能力/列 | 974 | 南咽喉通过能力/列 | 162 |
| 车站通过能力/对 | 568 | 受限于咽喉区通过能力 | |

先北咽喉进北咽喉出南咽喉出
再南咽喉进南咽喉出北咽喉出

| | | | |
|---|---|---|---|
| 北咽喉进站能力/列 | 750 | 南咽喉进站能力/列 | 162 |
| 北咽喉出站能力/列 | 406 | 南咽喉出站能力/列 | 162 |
| 北咽喉通过能力/列 | 812 | 南咽喉通过能力/列 | 324 |
| 车站通过能力/对 | 568 | 受限于咽喉区通过能力 | |

先北咽喉进南咽喉出北咽喉出
再南咽喉进北咽喉出南咽喉出

| | | | |
|---|---|---|---|
| 北咽喉进站能力/列 | 750 | 南咽喉进站能力/列 | 162 |
| 北咽喉出站能力/列 | 162 | 南咽喉出站能力/列 | 406 |
| 北咽喉通过能力/列 | 568 | 南咽喉通过能力/列 | 568 |
| 车站通过能力/对 | 568 | 受限于咽喉区通过能力 | |

先北咽喉进南咽喉出北咽喉出
再南咽喉进南咽喉出北咽喉出

| | | | |
|---|---|---|---|
| 北咽喉进站能力/列 | 750 | 南咽喉进站能力/列 | 162 |
| 北咽喉出站能力/列 | 0 | 南咽喉出站能力/列 | 568 |
| 北咽喉通过能力/列 | 406 | 南咽喉通过能力/列 | 730 |
| 车站通过能力/对 | 568 | 受限于咽喉区通过能力 | |

先南咽喉进北咽喉出南咽喉出
再北咽喉进北咽喉出南咽喉出

| | | | |
|---|---|---|---|
| 北咽喉进站能力/列 | 958 | 南咽喉进站能力/列 | 250 |
| 北咽喉出站能力/列 | 507 | 南咽喉出站能力/列 | 0 |
| 北咽喉通过能力/列 | 764 | 南咽喉通过能力/列 | 250 |
| 车站通过能力/对 | 507 | 受限于咽喉区通过能力 | |

先南咽喉进北咽喉出南咽喉出
再北咽喉进南咽喉出北咽喉出

| | | | |
|---|---|---|---|
| 北咽喉进站能力/列 | 997 | 南咽喉进站能力/列 | 250 |
| 北咽喉出站能力/列 | 320 | 南咽喉出站能力/列 | 223 |
| 北咽喉通过能力/列 | 613 | 南咽喉通过能力/列 | 473 |
| 车站通过能力/对 | 543 | 受限于咽喉区通过能力 | |

先南咽喉进南咽喉出北咽喉出
再北咽喉进北咽喉出南咽喉出

| | | | |
|---|---|---|---|
| 北咽喉进站能力/列 | 958 | 南咽喉进站能力/列 | 250 |
| 北咽喉出站能力/列 | 259 | 南咽喉出站能力/列 | 250 |
| 北咽喉通过能力/列 | 518 | 南咽喉通过能力/列 | 500 |
| 车站通过能力/对 | 509 | 受限于咽喉区通过能力 | |

先南咽喉进南咽喉出北咽喉出
再北咽喉进南咽喉出北咽喉出

| | | | |
|---|---|---|---|
| 北咽喉进站能力/列 | 958 | 南咽喉进站能力/列 | 250 |
| 北咽喉出站能力/列 | 0 | 南咽喉出站能力/列 | 509 |
| 北咽喉通过能力/列 | 259 | 南咽喉通过能力/列 | 759 |
| 车站通过能力/对 | 509 | 受限于咽喉区通过能力 | |

图 7-15　圳北站站改后多态理论通过能力

咽喉及车站能力图示

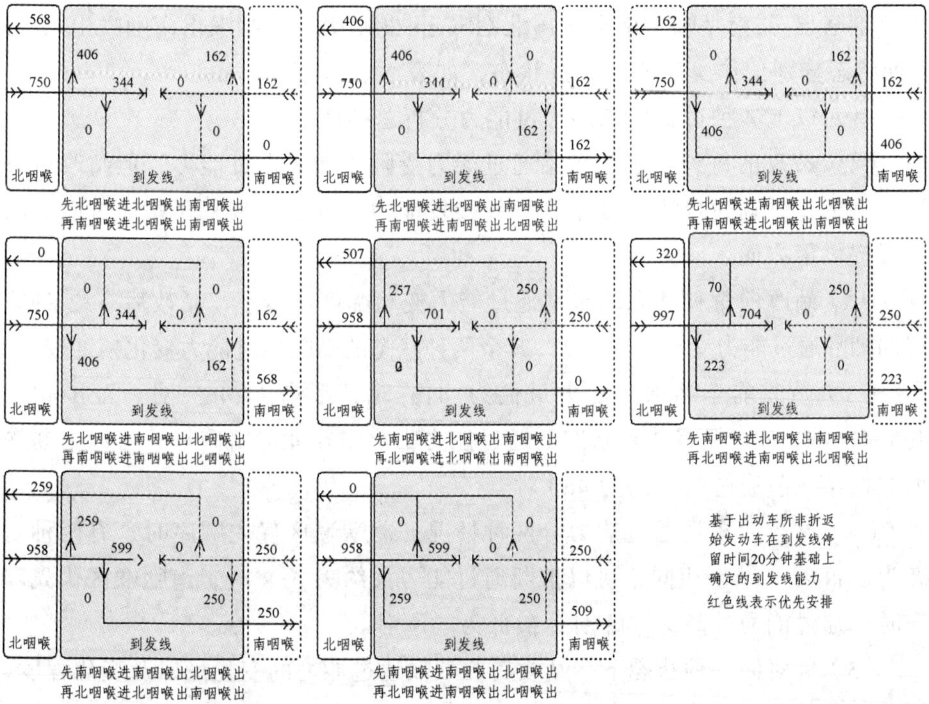


图 7-16　圳北站站改后多态理论通过能力分布

可以对比看出，数据分布非“极端”的才是符合行车组织的可行情况。

### 7.2.3.2 力对比分析

深圳北站站改主要对站场北咽喉进行，南咽喉的站场布局与站改前大致相同，所以车站站改通过能力变化主要由北咽喉引起。北咽喉站改后原有广州方向行车线不变，增加赣州方向 3 条行车线，同时增加深圳第二动车所，这将导致北咽喉通过能力增加，也必然会导致车站通过能力增加，由于咽喉区与咽喉区之间通行能力的互相关联和互相制约关系，也会导致南咽喉通过能力发生变化。

咽喉进站能力和出站能力的大小决定了咽喉和车站通过能力的大小，但数据出现“极端分布”和“极端不均衡”的状态不符合车站行车的常态，根据进站能力和出站能力的数据进行对比，选取 4 种数据分布“非极端相对均衡”的状态进行站改前后通过能力的影响分析。4 状态分别为“北咽喉进北咽喉出南咽喉出+南咽喉进南咽喉出北咽喉出”“北咽喉进南咽喉出北咽喉出+南咽喉进北咽喉出南咽喉出”“南咽喉进北咽喉出南咽喉出+北咽喉进南咽喉出北咽喉出”“南咽喉进南咽喉出北咽喉出+北咽喉进北咽喉出南咽喉出”，将 4 种状态分别记作 *A*、*B*、*C*、*D* 状态，如表 7-11 所示。

针对以上 4 种可行状态的通过能力分析总结如下：

（1）站改前每种状态的车站通过能力受限于咽喉通过能力，但站改后每种状态的车站通过能力受限于到发线接发能力，这也为未来车站通过能力的扩展提供了方向。

（2）站改前每种状态的车站通过能力变动幅度比较小，站改后有 2 种状态的咽喉通过能力变动幅度较大，其余两种状态的咽喉通过能力变化幅度较小。

（3）站改前车站通过能力最低为 416 对，最高为 463 对，范围相差 463−416=47 对，但有 3 种状态的通过能力都集中在 460 对附近，可以推断深圳北站站改前通过能力约为 460 对。

（4）站改后车站通过能力分两种情况，北咽喉区优先顺序时，有两种状态为 568 对，结果相同，可以推断通过能力大约为 568 对；南咽喉区优先顺序时，通过能力最高为 543 对，最低为 509 对。

（5）针对同一种状态下，站改后北咽喉通过能力的变化量以及变化程度，较站改前的差异变化较大，南咽喉变化较小。

表 7-11　深圳北站站改前后通过能力对比

| 状态 | 区域 | 站改前通过能力 | 站改后通过能力 | 变化量 | 变化程度 |
|---|---|---|---|---|---|
| *A* 状态 | 北咽喉 | $Q_A-Q_{AD}+Q_{AA}+Q_{BA}=272-46+226+0=452$ 列 | $Q_A-Q_{AD}+Q_{AA}+Q_{BA}=750-344+406+0=812$ 列 | 812−452=360 | 79.646% |
| | 南咽喉 | $Q_B-Q_{BD}+Q_{AB}+Q_{BB}=190-0+0+190=380$ 列 | $Q_B-Q_{BD}+Q_{AB}+Q_{BB}=162-0+0+162=324$ 列 | 324−380=−56 | −14.737% |
| | 车站 | $Q(C)=(Q_A-Q_{AD})+(Q_B-Q_{BD})=Q_{AA}+Q_{AB}+Q_{BA}+Q_{BB}=416$ 对 | $Q(C)=(Q_A-Q_{AD})+(Q_B-Q_{BD})=Q_{AA}+Q_{AB}+Q_{BA}+Q_{BB}=568$ 对 | 568−416=152 | 36.538% |
| *B* 状态 | 北咽喉 | $Q_A-Q_{AD}+Q_{AA}+Q_{BA}=312-0+0+145=457$ 列 | $Q_A-Q_{AD}+Q_{AA}+Q_{BA}=750-344+0+162=568$ 列 | 568−457=111 | 24.289% |
| | 南咽喉 | $Q_B-Q_{BD}+Q_{AB}+Q_{BB}=145-0+312+0=457$ 列 | $Q_B-Q_{BD}+Q_{AB}+Q_{BB}=406-0+0+406=568$ 列 | 567−457=111 | 24.289% |
| | 车站 | $Q(C)=(Q_A-Q_{AD})+(Q_B-Q_{BD})=Q_{AA}+Q_{AB}+Q_{BA}+Q_{BB}=457$ 对 | $Q(C)=(Q_A-Q_{AD})+(Q_B-Q_{BD})=Q_{AA}+Q_{AB}+Q_{BA}+Q_{BB}=568$ 对 | 568−457=111 | 24.289% |
| *C* 状态 | 北咽喉 | $Q_A-Q_{AD}+Q_{AA}+Q_{BA}=330-120+39+250=499$ 列 | $Q_A-Q_{AD}+Q_{AA}+Q_{BA}=997-704+70+250=613$ 列 | 613−499=114 | 22.846% |
| | 南咽喉 | $Q_B-Q_{BD}+Q_{AB}+Q_{BB}=250-0+171+0=421$ 列 | $Q_B-Q_{BD}+Q_{AB}+Q_{BB}=223-0+0+223=473$ 列 | 473−421=52 | 12.352% |
| | 车站 | $Q(C)=(Q_A-Q_{AD})+(Q_B-Q_{BD})=Q_{AA}+Q_{AB}+Q_{BA}+Q_{BB}=460$ 对 | $Q(C)=(Q_A-Q_{AD})+(Q_B-Q_{BD})=Q_{AA}+Q_{AB}+Q_{BA}+Q_{BB}=543$ 对 | 543−460=83 | 18.043% |
| *D* 状态 | 北咽喉 | $Q_A-Q_{AD}+Q_{AA}+Q_{BA}=224-11+213+0=426$ 列 | $Q_A-Q_{AD}+Q_{AA}+Q_{BA}=958-599+259+0=518$ 列 | 518−426=92 | 21.596% |
| | 南咽喉 | $Q_B-Q_{BD}+Q_{AB}+Q_{BB}=250-0+0+250=500$ 列 | $Q_B-Q_{BD}+Q_{AB}+Q_{BB}=250-0+250+0=500$ 列 | 500−500=0 | 0.000% |
| | 车站 | $Q(C)=(Q_A-Q_{AD})+(Q_B-Q_{BD})=Q_{AA}+Q_{AB}+Q_{BA}+Q_{BB}=463$ 对 | $Q(C)=(Q_A-Q_{AD})+(Q_B-Q_{BD})=Q_{AA}+Q_{AB}+Q_{BA}+Q_{BB}=509$ 对 | 509−463=46 | 9.935% |

（6）站改后北咽喉区优先顺序时，咽喉通过能力和车站通过能力增加幅度都在 24%以上，甚至 *A* 状态下达到了 79%；南咽喉区优先顺序时，车站通过能力增幅保持在 20%以下。

（7）站改后的 $A$ 状态下，南咽喉的通过能力没有增加反而减小，是因为受到发线能力的影响，北咽喉站改后通过能力大幅度增加，由北咽喉优先进入占用了较多到发线资源，从而使得南咽喉的通过能力减小。

## 7.3 施工期间作业方案与列车到发计划协同优化分析

### 7.3.1 数据处理

（1）算例场景简化：主体施工是封锁北咽喉，因而受影响最大的是往广州方向的列车，杭深方向列车数量少，且考虑到深圳北站到发线固定使用方案为 1～10 道固定接发杭深线动车组列车及车底出入动车所作业，11～20 道固定接发广深港客专动车组列车及车底出入动车所作业，因而本书截取广深港线上的施工主体站深圳北站及其邻近车站光明城站和福田站作为研究场景，假定杭深方向列车均按原有固定到发线使用方案进行作业，为了与实际情况相符对剩余到发线及咽喉道岔组的利用率进行一定的扣除。在此基础上分别选取两个施工阶段内深圳北站早高峰时段 7:00～10:00 内的列车作为优化对象，对列车集在深圳北站内的列车时刻表及车站径路计划进行协同优化。

（2）车站基本条件数据：按道岔结合成组原则，对深圳北站的道岔进行分组，南、北咽喉共 21 组，即 $M_j=(m_1,m_2,\cdots,m_{21})$。深圳北站全天可用接发列车时间以 $1\,440-240=1\,200$（min）计，其中 240 min 为施工维修天窗时间。

（3）间隔时间数据：动车组列车追踪发车间隔 5 min，追踪到达间隔 4 min，敌对方向到发间隔 2 min，敌对方向发到间隔 7 min，本线同方向先发后到列车间隔 7 min，深圳北站列车运行图无通过列车，因此无到通间隔及通发间隔数据。

（4）开行方案数据：施工第一阶段在光明城站—深圳北站—福田站运行区段早高峰时段共计划开行列车 76 列，施工第二阶段在光明城站—深圳北站—福田站运行区段早高峰时段共计划开行列车 85 列。作业方式包括始发、终到与停站 3 种。共运行两种速度的动车组，一种为 200 km/h 的中速动车组，另一种为 300 km/h 的高速动车组。

（5）综合广义费用矩阵数据：本文考虑实际条件并结合专家打分法，得出施工条件下到发线及咽喉区占用广义费用矩阵赋值结果如表 7-12 所示。

（6）算法初值：选取备选建设与运输综合方案③中的相关数据作为模拟退火算法的初始解。

表 7-12 施工条件下到发线及咽喉区占用广义费用矩阵赋值结果

| 费用 | 一阶段 | 二阶段 |
|---|---|---|
| E | $A=(a_1=\text{始发},a_2=\text{终到},a_3=\text{停站},a_4=\text{通过})$<br>$E=\begin{array}{c} \\ a_1 \\ a_2 \\ a_3 \\ a_4 \end{array}\begin{array}{c}\begin{matrix} \text{I} & \text{II} & 13 & 14 & 15 & 16 \end{matrix}\\ \begin{bmatrix} 1 & 1 & 0.7 & 0.2 & 0.2 & 0.3 \\ 1 & 1 & 0.7 & 0.2 & 0.2 & 0.3 \\ 1 & 1 & 0.7 & 0.2 & 0.2 & 0.3 \\ 0.1 & 0.1 & 0.8 & 0.9 & 1 & 1 \end{bmatrix}\end{array}$ | $A=(a_1=\text{始发},a_2=\text{终到},a_3=\text{停站},a_4=\text{通过})$<br>$E=\begin{array}{c} \\ a_1 \\ a_2 \\ a_3 \\ a_4 \end{array}\begin{array}{c}\begin{matrix} \text{I} & \text{II} & 13 & 14 & 15 & 16 & 17 & 18 & 19 & 20 \end{matrix}\\ \begin{bmatrix} 1 & 1 & 0.7 & 0.2 & 0.2 & 0.3 & 0.3 & 0.4 & 0.4 & 0.5 \\ 1 & 1 & 0.7 & 0.2 & 0.2 & 0.3 & 0.3 & 0.4 & 0.4 & 0.5 \\ 1 & 1 & 0.7 & 0.2 & 0.2 & 0.3 & 0.3 & 0.4 & 0.5 & 0.6 \\ 0.1 & 0.1 & 0.8 & 0.9 & 1 & 1 & 1 & 1 & 1 & 1 \end{bmatrix}\end{array}$ |
| F | $G=(g_1=\text{高速},g_2=\text{中速})$<br>$F=\begin{array}{c} \\ g_1 \\ g_2 \end{array}\begin{array}{c}\begin{matrix} \text{I} & \text{II} & 13 & 14 & 15 & 16 \end{matrix}\\ \begin{bmatrix} 0.1 & 0.1 & 0.2 & 0.3 & 0.4 & 0.5 \\ 0.2 & 0.2 & 0.3 & 0.3 & 0.4 & 0.4 \end{bmatrix}\end{array}$ | $G=(g_1=\text{高速},g_2=\text{中速})$<br>$F=\begin{array}{c} \\ g_1 \\ g_2 \end{array}\begin{array}{c}\begin{matrix} \text{I} & \text{II} & 13 & 14 & 15 & 16 & 17 & 18 & 19 & 20 \end{matrix}\\ \begin{bmatrix} 0.1 & 0.1 & 0.2 & 0.3 & 0.4 & 0.5 & 0.6 & 0.7 & 0.8 & 0.9 \\ 0.2 & 0.2 & 0.3 & 0.3 & 0.4 & 0.4 & 0.5 & 0.6 & 0.7 & 0.8 \end{bmatrix}\end{array}$ |
| H′ | $D=(d_1=17,d_2=18,d_3=19,d_4=20)$<br>$H'=\begin{array}{c} \\ d_1 \\ d_2 \\ d_3 \\ d_4 \end{array}\begin{array}{c}\begin{matrix} \text{I} & \text{II} & 13 & 14 & 15 & 16 \end{matrix}\\ \begin{bmatrix} 6 & 5 & 4 & 3 & 2 & 1 \\ 7 & 6 & 5 & 4 & 3 & 2 \\ 8 & 7 & 6 & 5 & 4 & 3 \\ 9 & 8 & 7 & 6 & 5 & 4 \end{bmatrix}\end{array}$ | $D=(d_5=1,d_6=2,d_7=3,d_8=4,d_9=5,d_{10}=6)$<br>$H'=\begin{array}{c} \\ d_5 \\ d_6 \\ d_7 \\ d_8 \\ d_9 \\ d_{10} \end{array}\begin{array}{c}\begin{matrix} \text{I} & \text{II} & 13 & 14 & 15 & 16 & 17 & 18 & 19 & 20 \end{matrix}\\ \begin{bmatrix} 12 & 13 & 14 & 15 & 16 & 17 & 18 & 19 & 20 & 21 \\ 11 & 12 & 13 & 14 & 15 & 16 & 17 & 18 & 19 & 20 \\ 10 & 11 & 12 & 13 & 14 & 15 & 16 & 17 & 18 & 19 \\ 9 & 10 & 11 & 12 & 13 & 14 & 15 & 16 & 17 & 18 \\ 8 & 9 & 10 & 11 & 12 & 13 & 14 & 15 & 16 & 17 \\ 7 & 8 & 9 & 10 & 11 & 12 & 13 & 14 & 15 & 16 \end{bmatrix}\end{array}$ |

续表

| 费用 | 一阶段 | 二阶段 |
|---|---|---|
| H | $H=\begin{bmatrix}\frac{1}{6} & \frac{1}{5} & \frac{1}{4} & \frac{1}{3} & \frac{1}{2} & 1\end{bmatrix}$ | $H=\begin{bmatrix}\frac{1}{7} & \frac{1}{8} & \frac{1}{9} & \frac{1}{10} & \frac{1}{11} & \frac{1}{12} & \frac{1}{13} & \frac{1}{14} & \frac{1}{15} & \frac{1}{16}\end{bmatrix}$ |
| L | 假定列车占用车站$j$内不同道岔组的状态值相同 | 假定列车占用车站$j$内不同道岔组的状态值相同 |
| U′ | $M_{j北}=(m_1,m_3,m_4,m_5,m_6,m_8,m_9)$<br>$Q_{北}=(q_1=2,q_2=7)$<br>$U'=\begin{matrix} & m_1 & m_3 & m_4 & m_5 & m_6 & m_8 & m_9 \\ q_1 & 2 & 1 & 3 & 5 & 7 & 9 & 11 \\ q_2 & 6 & 5 & 5 & 2 & 1 & 2 & 5\end{matrix}$<br>$Q_{南}$ 为空 | $M_{j北}=(m_1,m_2,m_3,m_4,m_5,m_6,m_7,m_8)$<br>$Q_{北}=(q_3=9)$<br>$U'_{北}=\begin{matrix} m_1 & m_2 & m_3 & m_4 & m_5 & m_6 & m_7 & m_8 \\ 11 & 10 & 8 & 8 & 5 & 4 & 5 & 2\end{matrix}$<br>$Q_{南}=(q_1=12,q_2=17)$<br>$U'_{南}=\begin{matrix} & m_{10} & m_{11} & m_{13} & m_{14} & m_{15} & m_{16} & m_{18} & m_{19} & m_{20} & m_{21} \\ q_1 & 2 & 3 & 2 & 3 & 4 & 4 & 5 & 6 & 10 & 9 \\ q_2 & 7 & 6 & 4 & 2 & 3 & 4 & 2 & 5 & 3 & 4\end{matrix}$ |
| U | $U_{北}=\begin{bmatrix}\frac{1}{2} & 1 & \frac{1}{3} & \frac{1}{2} & 1 & \frac{1}{2} & \frac{1}{5}\end{bmatrix}$<br>$Q_{南}$ 为空 | $U_{北}=\begin{bmatrix}\frac{1}{11} & \frac{1}{10} & \frac{1}{8} & \frac{1}{8} & \frac{1}{5} & \frac{1}{4} & \frac{1}{5} & \frac{1}{2}\end{bmatrix}$<br>$U_{南}=\begin{bmatrix}\frac{1}{2} & \frac{1}{3} & \frac{1}{2} & \frac{1}{2} & \frac{1}{3} & \frac{1}{4} & \frac{1}{2} & \frac{1}{5} & \frac{1}{3} & \frac{1}{4}\end{bmatrix}$ |

### 7.3.2 模型与算法有效性验证

本节选取站改施工中的3个典型场景，将相关数据带入到模型及算法中，通过生成的迭代效果图间的比对来验证本文提出的模型及算法的有效性。

（1）场景一：工务施工。

影响运输概况：封锁深圳北站17～20号到发线共4条，停运列车10对。

（2）场景二：信号专业施工。

影响运输概况：封锁深圳北站19～20号到发线共2条，停运列车5对。

（3）场景三：接触网专业施工。

影响运输概况：封锁深圳北站17～20号到发线共4条，停运列车5对。

最终不同场景算法迭代效果如图7-17所示，其中（a）、（b）、（c）顺序对应3个场景。从图中可以看出生成解在计算过程中不断跳出局部最优，经过有限次迭代最终收敛于稳定值。并且场景一中停运列车数量较场景三增多，列车总数减少的同时迭代次数也相对减少了；场景二中封锁到发线的数量较场景三减少，封锁范围缩减的同时迭代次数略有增加。由此表明了本书所建立的模型及算法的有效性。

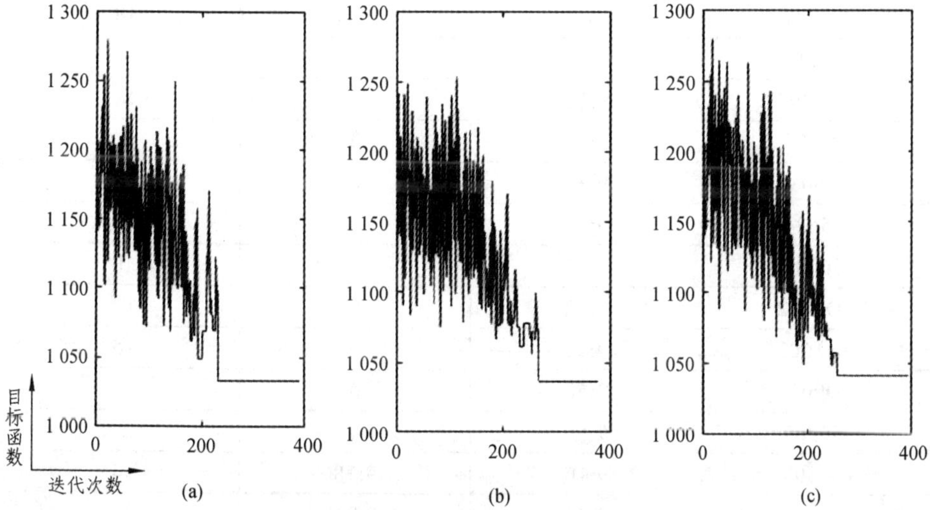


图 7-17 不同场景算法迭代效果

### 7.3.3 计算结果及分析

本节选取场景三进行进一步分析，具体内容展开如下。

#### 7.3.3.1 列车时刻表

运用本书所提出的模型及算法，运用 Matlab 实现对算例求解，将计算结果整理汇总后分别截取两施工阶段内 9:00 ~ 10:00 的列车时刻表结果进行展示，其中施工一阶段列车时刻表结果如表 7-13 所示。

表 7-13 施工一阶段列车时刻表结果

| 车次 | 到达时刻 | 发车时刻 | 股道号 |
|---|---|---|---|
| G2902 | 0 | 9:01 | 15 |
| G5613 | 0 | 9:04 | 16 |
| G1006 | 0 | 9:07 | 14 |
| G280 | 0 | 9:16 | 15 |
| G6202 | 0 | 9:22 | 15 |
| G6208 | 0 | 9:31 | 14 |
| G532 | 0 | 9:37 | Ⅱ |
| 0D961 | 0 | 9:42 | 16 |
| G5637 | 0 | 9:46 | 15 |
| G6174 | 0 | 9:52 | Ⅱ |
| 0D907 | 0 | 9:57 | 14 |
| G6211 | 9:11 | 0 | Ⅰ |
| 0D2294 | 9:12 | 0 | 15 |
| 0G279 | 9:26 | 0 | Ⅰ |
| 0G6030 | 9:31 | 0 | 16 |
| G5624 | 9:41 | 0 | 13 |
| G6209 | 9:41 | 0 | Ⅱ |
| 0D2302 | 9:42 | 0 | 14 |
| 0G1602 | 9:51 | 0 | 16 |
| D901 | 9:56 | 0 | 13 |
| G6207 | 9:56 | 0 | Ⅰ |
| G6509 | 9:16 | 9:18 | 14 |
| G6505 | 9:21 | 9:24 | Ⅱ |
| G72 | 9:31 | 9:33 | Ⅰ |
| G6521 | 9:36 | 9:39 | Ⅰ |
| G80 | 9:51 | 9:54 | 13 |

施工二阶段列车时刻表结果如表 7-14 所示。

表 7-14　施工二阶段列车时刻表结果

| 车次 | 到达时刻 | 发车时刻 | 股道号 |
|---|---|---|---|
| G2902 | 0 | 9:06 | 13 |
| G5613 | 0 | 9:18 | 15 |
| G6012 | 0 | 9:24 | 14 |
| G5639 | 0 | 9:31 | 13 |
| G5625 | 0 | 9:37 | 15 |
| G5637 | 0 | 9:43 | 14 |
| 0DJ771 | 0 | 9:48 | 16 |
| G5609 | 0 | 9:49 | 19 |
| G1006 | 0 | 9:56 | Ⅰ |
| 0D4857 | 0 | 9:59 | 13 |
| G1312 | 9:03 | 0 | 17 |
| 0G6030 | 9:06 | 0 | 19 |
| G6023 | 9:11 | 0 | Ⅱ |
| 0D2348 | 9:16 | 0 | 19 |
| 0G6208 | 9:22 | 0 | 20 |
| G5626 | 9:26 | 0 | Ⅱ |
| G5612 | 9:29 | 0 | 17 |
| 0D2302 | 9:34 | 0 | 14 |
| 0G6240 | 9:39 | 0 | 16 |
| G5638 | 9:41 | 0 | 19 |
| 0D2310 | 9:42 | 0 | 17 |
| G5606 | 9:43 | 0 | 18 |
| 0D7444 | 9:46 | 0 | Ⅰ |
| D2286 | 9:48 | 0 | 14 |
| G6048 | 9:51 | 0 | 18 |
| 0G818 | 9:53 | 0 | 19 |
| G1040 | 9:54 | 0 | 16 |
| G6253 | 9:56 | 0 | 17 |

针对列车时刻表的系统性评价研究比较少，考虑到站改施工对于车站日常运输作业影响的不确定性，本文首先定义高速铁路列车时刻表可调整性是指高速铁路列车时刻表在执行过程中所能承受各种随机扰动因素的能力，也就是当行车组织系统受到内部或者外部因素扰动的情况下，列车时刻表偏离既定计划，根据列车调度员的调整措施，列车时刻表凭借原本储备的缓冲时间，使列车恢复按图行车或者减小偏离程度的能力。高速铁路列车时刻表可调整性评价指标具体包括列车平均缓冲时间以及缓冲时间设置合理性，结合既有研究中对于两项指标的计算方法，得到运输方案③与方案④的可调整性评价指标计算结果，如表 7-15 所示，其结果表明运输方案④的抗干扰能力更强，对于站改施工的随机性影响具有更好的适应能力。

表 7-15　可调整性评价指标计算结果

| 评价指标 | 方案③ | 方案④ |
| --- | --- | --- |
| 列车平均缓冲时间/min | 2.25 | 3.25 |
| 缓冲时间设置合理性 | 0.69 | 0.84 |

#### 7.3.3.2　车站径路计划

在对所研究的协同问题的优化过程中，算法同时为列车安排了可行的车站使用径路。通过本文建立的施工条件下列车时刻表与车站径路计划的协同优化方法得到的施工一阶段部分深圳北站列车径路计划，如表 7-16 所示。

表 7-16　施工一阶段部分深圳北站列车径路计划

| 下行车次 | 车站径路 | 上行车次 | 车站径路 |
| --- | --- | --- | --- |
| G5613 | 16 道，80#，76#，60#，58#，46#，38#，24#，16#，12#，2#，下行出站端 | G2902 | 15 道，61#，43#，41#，31#，17#，11#，1#，上行出站端 |
| 0D961 | 下行进站端，35#，67#，43#，61#，66#，16 道 | G1006 | 14 道，61#，43#，41#，31#，17#，11#，1#，上行出站端 |
| G5637 | 15 道，80#，76#，60#，58#，46#，38#，24#，26#，16#，12#，2#，下行出站端 | G280 | 15 道，61#，43#，41#，31#，29#，23#，19#，13#，9#，3#，上行出站端 |

续表

| 下行车次 | 车站径路 | 上行车次 | 车站径路 |
| --- | --- | --- | --- |
| 0G4645 | 下行进站端，1#，3#，9#，13#，19#，23#，29#，37#，Ⅰ道 | G6202 | 15 道，61#，43#，41#，31#，29#，23#，19#，13#，9#，3#，上行出站端 |
| 0D907 | 下行进站端，35#，67#，43#，61#，63#，14 道 | G6280 | 14 道，61#，43#，41#，31#，29#，23#，19#，13#，9#，3#，上行出站端 |
| G6211 | 下行进站端，3#，9#，13#，19#，23#，29#，37#，Ⅰ道 | G532 | Ⅱ道，41#，31#，29#，23#，19#，13#，9#，3#，上行出站端 |
| D901 | 下行进站端，1#，7#，11#，17#，25#，31#，41#，43#，61#，63#，13 道 | G72 | 上行进站端，2#，4#，14#，20#，22#，34#，48#，54#，Ⅰ道，37#，29#，23#，19#，17#，11#，7#，1#，上行出站端 |
| G6509 | 下行进站端，3#，9#，11#，17#，31#，41#，43#，61#，63#，14 道，78#，76#，60#，58#，46#，38#，24#，22#，20#，14#，4#，下行出站端 | 0D2294 | 下行进站端，11#，17#，31#，41#，43#，61#，15 道 |
| G6505 | 下行进站端，3#，9#，11#，17#，25#，31#，41#，2 道，58#，46#，38#，24#，22#，20#，14#，4#，下行出站端 | 0G6030 | 下行进站端，35#，67#，43#，61#，66#，16 道 |
| G6521 | 下行进站端，3#，9#，13#，19#，23#，29#，37#，Ⅰ道，54#，48#，34#，22#，20#，14#，4#，下行出站端 | 0G1602 | 下行进站端，35#，67#，43#，61#，66#，16 道 |

将求解得到的部分车站径路计划与原计划进行比对，得到部分车站径路计划调整结果如表 7-17 所示。其中，由于列车所占用径路的运行长度的差异

性，产生了一个站内的列车运行节省时间。具体而言，列车选择站内副轨路径比它选择站内的主轨路径在时间上增加了 1 min 的附加时间，且等级相对较低的列车在径路的选择上不具有优先权。从总体优化结果来看，为了给高等级列车创造更好的选择空间，低等级列车的缓冲时间反而会增加，如表中 D901、D909、D927 以及 D903 所示，但这种调整对于进路分配的整体效果而言具有积极的意义。运用本文提出的方法能够平衡列车时刻表与站内径路的搜索过程，使得车站径路搜索的主动性更强。在确保列车运行综合代价值较低的同时，尽量减少站改施工的影响，并且站内剩余股道运用的效率与均衡性得到了满足。总体而言通过本书方法对站内径路安排的调整，能够节省列车站内走行时间，增加列车接发的缓冲时间。

表 7-17　部分车站径路计划调整结果

| 车次 | 调整股道 | 原股道 | 节省时间/s | 缓冲时间/s |
|---|---|---|---|---|
| G6240 | 13 | 15 | 60 | 60 |
| G1004 | 14 | 16 | 60 | 60 |
| G4648 | 15 | 13 | 60 | 60 |
| G6182 | 16 | 14 | 60 | 60 |
| G5607 | 18 | 20 | 60 | 60 |
| G2912 | 13 | 15 | 60 | 60 |
| D901 | 18 | 14 | -60 | -60 |
| G5624 | 17 | 19 | 60 | 60 |
| G74 | 15 | 17 | 60 | 60 |
| G6522 | 17 | 19 | 60 | 60 |
| G6208 | 18 | 20 | 60 | 60 |
| G6211 | 13 | 15 | 60 | 60 |
| G532 | 14 | 16 | 60 | 60 |
| G6521 | 18 | 14 | 60 | 60 |
| G2926 | 16 | 14 | 60 | 60 |
| D909 | 15 | 13 | -60 | -60 |
| G6255 | 18 | 20 | 60 | 60 |

续表

| 车次 | 调整股道 | 原股道 | 节省时间/s | 缓冲时间/s |
|---|---|---|---|---|
| G6144 | 15 | 17 | 60 | 60 |
| G822 | 13 | 15 | 60 | 60 |
| D927 | 17 | 13 | -60 | -60 |
| G6207 | 18 | 16 | 60 | 60 |
| G6202 | 13 | 15 | 60 | 60 |
| D903 | 18 | 16 | -60 | -60 |

#### 7.3.3.3 运输方案比选

考虑到优化方案有时难以直接应用于施工与行车组织工作，为了从中选出更加贴近现场情况的方案，按照不同施工类别对运输的影响及运行计划进行适应性分析，并对本施工项目中首次采取“两阶段”封锁策略的优劣进行分析，同时对本书模型及算法的可行性及有效性进一步验证。综上所述有必要对不同运输方案进行多个角度的比较。

1. 运输方案代价值分析

针对上述 4 种建设与运输综合方案，以站改施工期间 3 种典型施工作业下的接近工况作为研究场景，以本书第 3 章建立的车站及区间占用广义费用为基础，结合方案①～③在对应工况下的既有运行计划得到相应的综合代价值，同时运用本书提出的模型及算法得到方案④的综合代价值，将计算结果汇总至表 7-18。

表 7-18　不同方案施工别代价值

| 方案 | 工务施工/min | 信号施工/min | 接触网施工/min |
|---|---|---|---|
| ① | 1 073 | 1 056 | 1 070 |
| ② | 1 040 | 1 060 | 1 065 |
| ③ | 1 059 | 1 035 | 1 053 |
| ④ | 1 041 | 1 030 | 1 048 |
| 均值 | 1 053.25 | 1 041.50 | 1 059.00 |

针对表 7-18，从施工项目别及运输方案别展开分析如下。

（1）施工作业：工务施工及接触网施工出于自身项目特点，对于车站进路的封锁规模普遍较大，对行车具有直接的影响作用。信号施工对车站的封锁程度普遍较低，因而相较于另外两种施工类别其代价值普遍较低，即 3 种施工项目中工务施工与接触网施工对于行车组织的影响更大。而方案②中之所以信号施工的代价值高于工务施工的代价值，是因为该项目进行期间由于作业需要的进路封锁规模更大。总体而言不同施工作业项目对于运行计划的影响不同，其更深层的决定因素是不同施工对于车站及区间的限制要求不同，要求越苛刻，行车组织系统越偏离常态，受影响程度越深。

（2）运输方案：方案④为生成的优化方案，在不同施工作业下均有较好的表现。由于方案③为模拟退火算法的初始解，因而方案③、④具有接近的封锁条件。因此方案④在不同施工作业下均比方案③有更好的表现，说明考虑施工影响的条件下进行运行计划的优化具有可行性。在施工作业期间具有“两阶段”封锁特性的方案相对优于传统方案是因为工程量的拆分使得单一施工作业计划较为松弛，单位时间内能够为列车运行提供更多的选择空间，施工对于行车的影响减弱。

### 2. 运输方案受施工影响程度评价

以各影响程度为评价指标，通过优劣解距离法（Technique for Order Preference by Similarity to an Ideal Solution，简称 TOPSIS）选取接近的工况下对上述 4 套综合方案中的运输方案进行排序。考虑到方案比选过程中正负理想解难以表达，因而引入贴近度这一概念，即最贴近正理想解的同时又最远离负理想解的方案即为最优方案。具体评价过程如下：

Step1　经过正向标准化处理后，4 套备选施工方案下各评价指标的取值矩阵如下所示。

$$\begin{bmatrix} 0 & 0 & 0 & 0.498 & 0.231 & 0.347 \\ 0.312 & 0.629 & 0.652 & 0.603 & 0.351 & 0.358 \\ 0.642 & 0 & 0.461 & 0.521 & 0 & 0.715 \\ 0.636 & 0.629 & 0.735 & 0.521 & 0.903 & 0.439 \end{bmatrix}$$

Step2　运用熵权法对六项影响程度指标赋权结果如表 7-19 所示。

Step3　运用 TOPSIS 法，由以上数据可得各备选方案的相对贴近度如表 7-20 所示，将 4 组评价方案的相对贴近度按大小排序为：④＞③＞①＞②，即第④套方案受站改施工的影响最小，为最优方案。

表 7-19 影响程度指标赋权结果

| 影响因素 | 权重 |
| --- | --- |
| 区间限速扰动时长 | 0.181 |
| 平行进路损失数 | 0.307 |
| 密集到发列车组数 | 0.136 |
| 有效施工时长 | 0.010 |
| 旅客列车服务频率 | 0.340 |
| 总换乘额外时间 | 0.025 |

表 7-20 相对贴近度

| 评价方案 | 贴近度 |
| --- | --- |
| ① | 0.2625 |
| ② | 0.1207 |
| ③ | 0.5382 |
| ④ | 0.9420 |

通过优劣解距离法得到的方案排序结果与实际情况相吻合，验证了本书模型及算法的可行性与有效性，现对上述结果展开分析。

运用熵权法得到了 6 项影响程度指标的赋权结果，将影响因素按照权重值递减排序结果为旅客列车服务频率、平行进路损失数、限速扰动时长、密集到发列车组数、总换乘额外时间、有效施工时长。6 项因素的影响程度分布如图 7-18 所示。

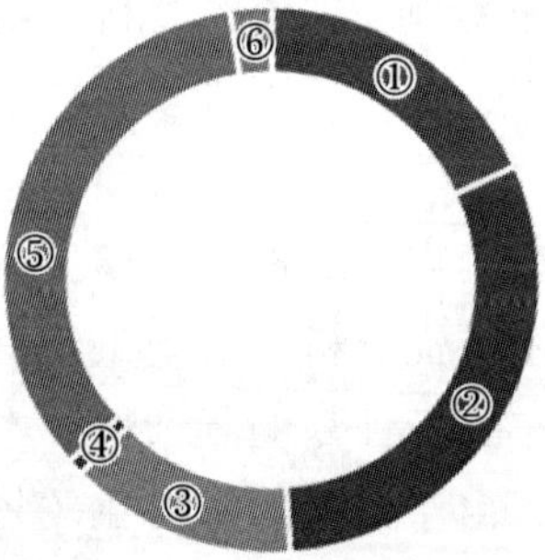


①区间速度扰动时长 ②平行进路损失数
③密集到发列车组数 ④有效施工时长
⑤旅客列车服务频率 ⑥总换乘额外时间

图 7-18 影响程度分布

通过 6 项因素影响程度的分布情况可以看出，施工造成的列车停运使得旅客列车服务频率有所降低，但是作为客运车站的主要输出产品，开行列车数量的减少对于车站日常运营的影响最为显著。另外，施工对于车站咽喉区及到发线的封锁，以及列车限速都会增加车站咽喉区能力的紧张程度，削弱车站通过能力，且限速还会影响列车的运转周期，因而对于行车组织的影响较大。站改施工对于旅客换乘的影响较小主要原因为在施工筹备阶段所制订的车站径路计划，其排布情况在满足技术作业条件的前提下，充分考虑了旅客换乘的方便程度，因而将这一影响降到了最低。车站根据实际情况所设置的施工天窗基本能够最大限度满足施工需求，使得施工的整体进程紧凑有序，因而对于运输组织的影响最小。

对 4 组运输方案的评价结果展开分析。首先，通过本书所提出的方法所生成的运输方案④优于方案③，说明在制订运输计划的过程中将站改施工的影响纳入考虑范畴，有助于编制出与施工背景更加适配的运输计划，该计划能够最大限度地减少施工作业对行车组织影响的同时，在保证行车安全的前提下进一步挖掘系统运能。其次，具有“两阶段”特性的运输方案④与方案③都优于常规方案①，但同时方案①又优于具有“两阶段”特性的运输方案②，即方案②虽然进行了阶段划分但是效果反而比方案①差，主要原因为制订方案②时欠缺对于施工与行车两方面的统筹安排，造成了一些资源的反复消耗和工序的重复，进而影响了综合计划整体的合理性，在制订方案③时对这一问题进行了修正。说明对施工进程进行阶段划分，要综合考虑施工与行车两个方面，单纯地将工程量以时间或工序为基准，按照一定比例划分至若干阶段内进行，并不一定能实现施工组织与行车组织整体效能的提升，只有在对多种因素的统筹安排下，针对不同阶段制订合理的运输计划，才能取得预期的效果。

综上所述，在充分验证了本书所提出的模型及算法的可行性与有效性的基础上，通过多个角度的系统性分析，对施工组织与运输组织间的关系进行了深入探讨。但是由于列车运行计划的复杂性，本书的模型和算法是在很多假设条件下建立的。另外，由于模型的算法比较复杂，本书对所选取的实际案例进行了一定的规模缩减，路网规模、结构的复杂性、车站股道数量与现实中的轨道交通网络还存在一定的差距。因此，进一步研究大规模路网下的列车时刻表与车站径路计划协同优化，充分考虑实际运行计划编制过程中的复杂情况是进一步研究的重点。

## 7.4 站改施工与运输组织协同水平计算

深圳北站站改工程施工工期紧、工程量大，对车站工作组织影响大，代表性强。

### 7.4.1 数据处理

赣深客专引入深圳北站工程涉及车站咽喉和到发线改造，主要工程量包括路基挖方 28 万 $m^3$、填方 8 万 $m^3$，站台改造 160 m，拆除轨道 3.6 km、道岔 10 组，新铺轨道 7.45 km、道岔 31 组，同步完成缆线迁改、接触网硬横梁改造、信号软件编制换装等四电工程改造施工。施工准备期间，共提出了 4 套施工组织方案，其中第 3、4 套方案将施工调整为 2 个阶段分别进行，因此将这 2 套施工方案以施工阶段划分为 4 套施工组织方案。与施工组织方案对应，共提出了 8 套行车调整方案。不同施工组织与行车调整方案的对应关系如表 7-21 所示。最终执行的方案为施工方案 4（包含一阶段施工方案 5 和二阶段施工方案 6）和行车调整方案 7、8。

表 7-21　施工方案与行车调整方案的对应关系

<table>
<tr><th colspan="2">施工方案</th><th>行车调整方案</th></tr>
<tr><td colspan="2">1</td><td>1</td></tr>
<tr><td colspan="2" rowspan="2">2</td><td>2</td></tr>
<tr><td>3</td></tr>
<tr><td rowspan="2">3</td><td>3</td><td>4</td></tr>
<tr><td>4</td><td>5</td></tr>
<tr><td rowspan="3">4</td><td rowspan="2">5</td><td>6</td></tr>
<tr><td>7</td></tr>
<tr><td>6</td><td>8</td></tr>
</table>

正向化并归一化后的各方案下各子系统的序参量取值如以下两个矩阵所示。

$$
\begin{bmatrix}
0.000 & 0.000 & 0.568 & 0.180 \\
0.090 & 0.074 & 0.501 & 0.000 \\
0.398 & 0.188 & 0.359 & 0.361 \\
0.410 & 0.188 & 0.150 & 0.438 \\
0.464 & 0.539 & 0.109 & 0.464 \\
0.476 & 0.580 & 0.000 & 0.464
\end{bmatrix}
\quad
\begin{bmatrix}
0.000 & 0.000 & 0.252 & 0.247 \\
0.000 & 0.037 & 0.310 & 0.115 \\
0.263 & 0.208 & 0.358 & 0.329 \\
0.426 & 0.195 & 0.368 & 0.148 \\
0.369 & 0.513 & 0.000 & 0.395 \\
0.464 & 0.403 & 0.465 & 0.000 \\
0.464 & 0.385 & 0.475 & 0.428 \\
0.432 & 0.586 & 0.368 & 0.675
\end{bmatrix}
$$

由于施工方案中最初提出的是一次性封锁线路完成全部工程量，随后又变更为全部工程在 2019 ~ 2020 年分 2 阶段完成，每年完成 1 个阶段，两阶段工期和工程量相似。为了统一变量，在处理数据时将前 2 套施工方案序参量取值定为总量的 1/2 参与计算。利用正向化并归一化后的数据计算各序参量熵权，结果如表 7-22 和表 7-23 所示。

表 7-22 施工子系统序参量权重

| 序参量 | 总工期 | 总用工数 | 总设备数 | 影响高峰日数 |
|---|---|---|---|---|
| 权重 | 0.211 | 0.297 | 0.241 | 0.252 |

表 7-23 车站工作组织子系统序参量权重

| 序参量 | 到发线减少数 | 停运改编组列车数 | 改存放地点车组数 | 受影响客车客座率 |
|---|---|---|---|---|
| 权重 | 0.293 | 0.297 | 0.148 | 0.263 |

总体上看，各序参量权重大致接近，表明各序参量在其所属子系统中的重要水平和对子系统有序度贡献相似。施工子系统中，表征施工成本的施工投入总人次数权重最大，这也与施工方追求总成本最小的实际相符。工期和设备条件发生变化会造成用工人数的取值变化较大，由此造成系统有序度显著变化，因此用工人数这一序参量相对重要。车站工作组织子系统中，停运和改编组列车数重要度最大，到发线减少数次之，一方面表明停运和调整编组对车站行车工作影响最大，另一方面也表明虽然到发线的减少对车站工作产生基础性影响，但这一影响在一定程度上可以通过正确合理的行车组织调整得到降低。

### 7.4.2 子系统内部有序度

依据系统有序度计算公式求得各方案中施工子系统有序度如图 7-19 所示，车站工作组织子系统有序度如图 7-20 所示。

施工子系统中，经过数据等效处理后的方案 1 和 2，其内部有序度仍低于分阶段后的各子系统有序度，表明施工单位在编制分阶段施工方案时在工期分布和用工安排等方面对施工方案进行了调整优化，而不是简单将工程量平均分配给两个阶段。方案 2 是对方案 1 进行优化后提出的方案，压缩了工期和用工量，但由于其方案设定在 9～11 月进行施工，一方面影响国庆节和中秋节假日运输组织，另一方面工程易在 9～10 月受台风和雨季影响，因此其内部有序度较方案 1 降低。方案 3 和 5 分别对应分阶段施工的第一阶段，方案 4 和方案 2 分别对应施工的第二阶段，有序度计算结果表明一阶段施工优化成效比二阶段施工更大。

车站工作组织子系统中，由于施工方案 3～6 将所有工程量分为两个阶段依次进行，有效降低了施工对车站通过能力的影响，因此其对应的行车调整方案 3～8 的内部有序度有了明显提高。方案 4、6、7 均针对施工第一阶段，其中方案 6 和 7 将受施工影响的到发线调整为可单向接发长编组动车组列车的尽头线，相较于方案 4 减少了可用到发线数损失。由于方案 6 停运列车多且停运列车历史平均客座率较高，故其有序度较低。方案 7 在灵活使用到发线的同时，仅停运 2.5 对客座率较低的管内动车组列车，将施工对车站工作组织影响降到最低，其内部有序度也最高。

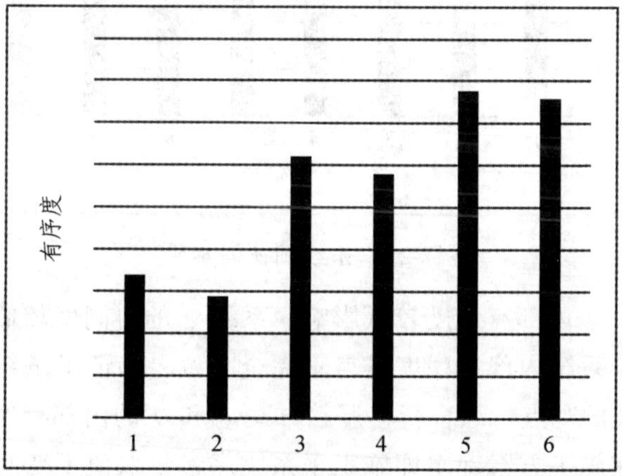


图 7-19　施工子系统各方案内部有序度

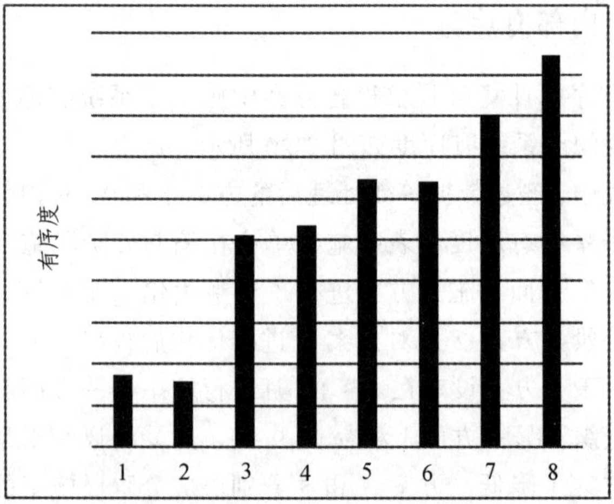


图 7-20　车站工作组织子系统各方案内部有序度

### 7.4.3　系统间协同水平计算

对应 8 套车站行车组织调整方案，计算各系统间协同水平，结果如图 7-21 所示。

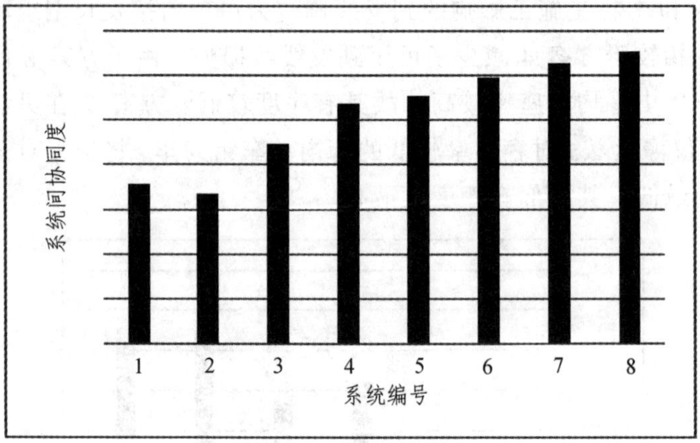


图 7-21　系统间协同水平

受施工方案 2 内部有序度较低影响，系统 2 的协同度较低。各方案的协同度排名与两子系统内部有序度排名不完全一致，印证了子系统内部最优不等同于系统最优的观点。综合行车调整方案 6 和 7 的内部有序度和系统协同度计算结果，在施工方案确定即施工子系统序参量取值不变时，如果车站工作组织子系统有序度高，则系统间协同度也越高，意味着施工和行车组织协调更好、施工造成的影响越小。综合内部有序度和系统间协同度计算结果，对应施工方案 4 的一阶段和二阶段以及行车调整方案 7 和 8 的系统 7 和 8,是所有提出的施工方案中的最优化方案。该套方案亦最终运用于现场实际，实施结果验证了方案的可行性。

## 7.5 站改施工与运输组织一体化方案评价

仍以深圳北站改造工程为例，验证评价指标体系与评价模型的有效性。施工方案与行车调整方案的关系仍如表 7-21 所示。

### 7.5.1 数据处理与权重计算

正向化及标准化后，待选施工计划下各评价指标的取值矩阵如下所示。

$$\begin{bmatrix} 0 & 0 & 0 & 0.512 & 0.141 & 0.367 \\ 0.212 & 0.707 & 0.557 & 0.569 & 0.345 & 0.367 \\ 0.742 & 0 & 0.371 & 0.455 & 0 & 0.733 \\ 0.636 & 0.707 & 0.743 & 0.455 & 0.928 & 0.440 \end{bmatrix}$$

基于正向标准化矩阵所得到的各评价指标权重如表 7-24 所示。

表 7-24 评价指标权重

| 评价指标 | 权重 |
|---|---|
| 限速扰动时长 | 0.181 |
| 平行进路损失数 | 0.307 |
| 密集到发列车组数 | 0.146 |
| 有效施工时长 | 0.001 |
| 旅客列车服务频率 | 0.340 |
| 总换乘额外时间 | 0.024 |

### 7.5.2 各评价方案的相对贴近程度计算

由以上数据经过计算可得到各评价方案的相对贴近程度值如表 7-25 所示。

表 7-25　相对贴近程度表

| 计划 | $A$ | $B$ | $C$ | $D$ |
|---|---|---|---|---|
| 贴进度 | 0.110 6 | 0.541 8 | 0.272 8 | 0.953 0 |

### 7.5.3　评价结果分析

对 4 组施工计划按照相对贴近程度进行排序为：$D>B>C>A$。依据相对贴近程度排序可以判断施工计划 $D$ 为最优，计划 $B$ 次之，计划 $A$ 和计划 $C$ 较劣。这一比选结果与实际情况相契合，验证了本书所提出的施工状态下行车组织扰动指标体系的可行性以及基于此的营业线施工方案比选模型的有效性。

通过指标权重的分布情况可以看出，施工造成的列车停运严重降低旅客列车的服务频率，车站主要输出产品的减少对于车站日常运营的影响十分显著。另外，施工对于车站咽喉区及到发线的封锁，以及列车限速都会增加车站咽喉区能力的紧张程度，削弱车站通过能力，并且限速还会影响列车的运转周期，因而对于行车组织的影响更大。施工对于旅客换乘的影响较小主要原因是施工状态下车站径路计划的排布对于这一因素进行了较为充分的考量，结合行车实际，最大限度地减少了旅客换乘的冗余时间，保障了旅客的服务质量。车站根据实际情况设置的施工天窗基本能够最大限度满足施工需求，接合部分点外施工作业安排使得施工的整体进程紧凑有序，因而对于行车组织的影响较为轻微。

其中计划 $C$ 与计划 $D$ 为减少车站通过能力的损失而采取分阶段的措施，但计划 $C$ 反而劣于计划 $B$，是因为由于进行阶段划分，欠缺对于两阶段施工和行车两方面的统筹安排，造成了一些资源的反复消耗和工序的重复，进而影响了该施工计划整体的合理性。在随后的计划 $D$ 中，对于这一问题进行了优化抵消，平衡了阶段性的矛盾，达到了施工与行车组织较为协同的状态。因此，单纯地将工程量按照一定比例划分到两个阶段进行，并不能实现施工计划与行车组织整体性能的提升，只有在对多种因素的统筹安排下，才能取得预期的效果。

综上所述，为优化施工与行车效能状况可以从以下几个方面采取措施：

（1）制订与行车组织相适应的工程计划，合理规划施工阶段，减少工程冗余操作，在施工计划比选过程中充分发挥行车组织各项指标的反馈作用。

（2）保证施工顺利进行的同时，最大化发挥车站效能，制订有效的行车组织计划，尽量减少高客座率列车停开数量，保证车站基本的旅客服务质量。

（3）加强施工方与运输组织单位的信息交流，从计划拟定到实际执行的各个环节都应保证信息第一时间传达和反馈，并且能够根据当前状况及时作出优化调整。

# 参考文献


[ 1 ] 涂晓文，罗隆，吴琳鹏，等. 铁路新线引入的站改施工安全管理思考[J]. 中国铁路，2021（01）：92-97.

[ 2 ] 藏晓炜. 沧州西站站场改造施工及过渡方案研究[D]. 石家庄：石家庄铁道大学，2015.

[ 3 ] 鞠睿琪. 公主岭站场改造施工方案研究[J]. 铁道运输与经济，2016，38（03）：72-74+83.

[ 4 ] 庄河. 武汉北站扩能改造及运输组织方案优化研究[J]. 铁道运输与经济，2019，41（9）：1-5.

[ 5 ] 黄建陵，杨丁颖，徐林荣，等. 铁路新线施工组织和紧邻既有线运输组织的协调管理分析[J]. 铁道科学与工程学报，2010，7（03）：71-76.

[ 6 ] 李明阳，李宗平，陈宇帆. 考虑运输扰动的高铁站改施工方案比选研究[J/OL]. 综合运输，2021：1-6.

[ 7 ] 张生瑞，严宝杰. 交通运输系统协调发展的理论分析[J]. 长安大学学报（自然科学版），2002（02）：51-53.

[ 8 ] 黄豪，汪意涵，刘澜，等. 基于协同理论的区域轨道交通系统序参量研究[J]. 综合运输，2019，41（05）：76-81.

[ 9 ] 李刚，李建平，孙晓蕾，等. 兼顾序信息和强度信息的主客观组合赋权法研究[J]. 中国管理科学，2017，25（12）：179-187.

[10] 陈韬，王文宪，吕红霞，等. 高速铁路枢纽站技术作业计划与动车所调车作业计划协同编制研究[J]. 铁道学报，2020，42（4）：17-26.

[11] 颜颖，王宝杰. 基于周期化模式的高速铁路大型车站通过能力利用与作业组织优化研究[J]，铁道学报，2017，39（5）：7-14.

[12] 费安萍，陈俊杰，王东梁. 广州南站到发线通过能力查定研究[J]，铁道运输与经济，2019，41（6）：25-31.

[13] 谭雪，闫海峰，辜雪菲，等. 高铁车站通过能力综合分析计算法参数取值研究[J]. 交通运输工程与信息学报，2020，18（2）：83-92.

[14] 马驷，孙建康，鲁工圆. 高速铁路车站列车进路分配方案的优化与调整[J]. 中国铁道科学，2018，39（1）：122-130
[15] 寇玮华. 通网络应用优化理论与方法[M]. 成都：西南交通大学出版社，2018.
[16] 寇玮华，王雪. 容量及转运点限制的多品种交通网最小代价流[J]. 交通运输工程与信息学报，2018，16（3）：59-65.
[17] 寇玮华，崔皓莹. 运费有差异的多品种流交通网络最小费用算法[J]. 同济大学学报（自然科学版），2014，（8）：1196-1202+1210.
[18] 寇玮华，崔皓莹. 运费无差异的多品种流交通网络最小费用算法[J]. 哈尔滨工业大学学报，2014，（8）：122-128.
[19] 寇玮华，崔皓莹. 满足交通网络流量增长态势的扩能优化研究[J]. 交通运输工程与信息学报，2012，10（4）：19-25.
[20] 鲍立群，寇玮华，阚剑锋，等. 基于多品种流网络的高铁站站改前后多态理论通过能力对比分析[J]. 兰州交通大学学报，2021，40（6）：26-34.